980

HANS G. BAUER · ELISABETH BAUER
CLAUDE TROCHU

Französisch für Sie

Ein moderner Sprachkurs für Erwachsene

BAND 1

MAX HUEBER VERLAG

Hans G. Bauer · Elisabeth Bauer · Claude Trochu
FRANZÖSISCH FÜR SIE · Ein moderner Sprachkurs für Erwachsene
Band 1

Verlagsredaktion: Christiane von Unger
Textillustrationen und Einbandgestaltung: Erich Hölle
Karten: Friedrich W. Köhler
Layout: Dieter Rauschmayer
Redaktionelle Gesamtleitung: Roland Schäpers

Bildnachweis:
Abb. 1: bavaria; Abb. 2: Amtliches Französisches Verkehrsbüro; Abb. 3: Kleist (roebild); Abb. 4: Schuster (roebild); Abb. 5, 6 und 7: Sommer (bavaria); Abb. 8: Wittreich (bavaria).

ISBN 3-19-00.3089-8
8. Auflage 1975

Filmsatz: Oscar Brandstetter Druckerei KG, Wiesbaden
Druck und buchbinderische Verarbeitung: Richterdruck Würzburg
Printed in Germany

INHALTSVERZEICHNIS

AUFBAU DES LEHRWERKS

FRANZÖSISCH FÜR SIE 1 — Hueber-Nr. 3089

Arbeitsbuch 1 — Hueber-Nr. 9.3089

3 Compact-Cassetten: Französische Strukturübungen für den Anfangsunterricht (Ausgewählte Übungen aus Arbeitsbuch 1) — Hueber Nr. 16.3089

3 Schallplatten (Lektionstexte) — Hueber-Nr. 3.3089

1 Tonband (Lektionstexte) — Hueber-Nr. 4.3089

2 Tonbänder (Lektionstexte mit Nachsprechpausen) — Hueber-Nr. 5.3089

1 Compact-Cassette * (Lektionstexte mit Nachsprechpausen) — Hueber-Nr. 12.3089

Sprechübungen 1 (8 Tonbänder, Sprachlaborfassung des Übungsteils des Lehrbuchs) — Hueber-Nr. 6.3089

Sprechübungen 1 (6 Compact-Cassetten)* — Hueber-Nr. 13.3089

FRANZÖSISCH FÜR SIE 2 — Hueber-Nr. 3090

Arbeitsbuch 2 — Hueber-Nr. 6.3090

3 Schallplatten (Lektionstexte) — Hueber-Nr. 3.3090

2 Tonbänder (Lektionstexte mit Nachsprechpausen) — Hueber-Nr. 4.3090

1 Compact-Cassette * — Hueber-Nr. 12.3090

Sprechübungen 2 (6 Tonbänder) — Hueber-Nr. 5.3090

Sprechübungen 2 (4 Compact-Cassetten)* — Hueber-Nr. 13.3090

FRANZÖSISCH FÜR SIE 3 — Hueber-Nr. 3091

Arbeitsbuch 3 — Hueber-Nr. 6.3091

1 Schallplatte (Lektionstexte) — Hueber-Nr. 3.3091

Sprechübungen 3 (3 Tonbänder) — Hueber-Nr. 5.3091

Sprechübungen 3 (2 Compact-Cassetten)* — Hueber-Nr. 13.3091

Ergänzend zu den Bänden 1 bis 3

FRANZÖSISCHER MINDESTWORTSCHATZ — Hueber-Nr. 3099
FRANZÖSISCH-DEUTSCHES LERNWÖRTERBUCH — Hueber-Nr. 3112
FRANZÖSISCHE MINDESTGRAMMATIK — Hueber-Nr. 3120

---

* Die Compact-Cassetten sind inhaltsgleich mit den entsprechenden Tonbändern und können auf allen Cassetten-Recordern abgespielt werden.

VORWORT

Französisch für Sie ist ein Lehrgang für Anfänger ohne jede Vorkenntnisse.

Dieser erste Band folgt in Grammatik und Wortschatz den vom Deutschen Volkshochschul-Verband ausgearbeiteten Stoffplänen. Grundlage dieser Stoffpläne ist das Français Fondamental (1er und 2e degré).

Jede der 30 Kurzlektionen des Buches bietet Stoff für eine Unterrichtsdoppelstunde. Die Lektionen 10, 20 und 30 sind jeweils als Testlektionen angelegt, bieten also keinen neuen Lernstoff. Sie dienen der Wiederholung des Gelernten und stimmen außerdem den Lernenden langsam auf die Zertifikatsprüfung ein.

Eine Lektion besteht jeweils aus 4 Seiten und folgt in der Anlage einem strengen Rhythmus: Teil A = Lektionstext zur Einführung des neuen Lernstoffs in erwachsenengemäßen Situationen. In Teil B werden die in A neu eingeführten sprachlichen Erscheinungen knapp und übersichtlich erläutert. Teil C enthält eine reiche Auswahl von *exercices structuraux*, die sich gleichermaßen für die schriftliche wie für die mündliche Übung eignen. Im Dialog Lehrer – Schüler stellen sie die notwendige Vorstufe zum freien Sprechen dar. Da die Methode der gelenkten Schülerantwort den Prinzipien des Sprachlabors entspricht, erübrigt sich für Volkshochschulen mit Sprachlabor ein Umlernen auf andere Übungsformen.

Französisch für Sie ist so angelegt, daß es sowohl im Klassenunterricht ohne technische Hilfsmittel, als auch im audio-aktiven oder voll ausgebauten Sprachlabor verwendet werden kann.

Bei der Gestaltung dieses Französischkurses kamen den Verfassern die von den Expertengremien des Deutschen Volkshochschul-Verbandes geleisteten umfangreichen Vorarbeiten zugute. Auch auf den Fachtagungen der verschiedenen VHS-Landesverbände konnten wertvolle Anregungen gesammelt werden.

Entsprechend den Richtlinien des Deutschen Volkshochschul-Verbandes stellt dieser erste Band bereits eine in sich abgeschlossene Einführung in die Sprache dar. In den Bänden 2 und 3 wird der Stoff systematisch vertieft und erweitert, so daß der Lernende nach Abschluß des dritten Bandes alle in der Prüfung zum VHS-Zertifikat für Französisch vorausgesetzten Kenntnisse besitzt.

Verfasser und Verlag

1 A A Paris

C'est la tour Eiffel.
Elle est à Paris.
Et c'est Robert.
Il est sous la tour Eiffel.

C'est le Pont-Neuf.
Il est aussi à Paris.
Et c'est Madeleine.
Elle est sur le Pont-Neuf.

Robert: Pardon, Mademoiselle, où est la Madeleine?
Madeleine: Pardon?
Robert: L'église de la Madeleine.
Madeleine: Ah, l'église de la Madeleine! Elle est là-bas.

Et voici l'autobus avec Robert et Madeleine.
Il est devant l'église de la Madeleine, dans la rue Royale.

1. c'est **1 B**

	le Pont-Neuf.
C'est	la rue Royale.
	Mademoiselle Madeleine.

2. le, l' – il

	le Pont-Neuf?		
Où est	**l'**autobus?	**Il**	est à Paris.
	Robert?		

3. la, l' – elle

	la tour Eiffel?		
Où est	**l'**église?	**Elle**	est à Paris.
	Madeleine?		

1. Ausspracheübung **1 C**

[ã] devant [dəvɑ̃], dans [dɑ̃]
L'autobus est devant l'église.
lɔtɔbysɛdəvɑ̃legliːz

[õ] pardon [pardõ], le pont [ləpõ]
Le Pont-Neuf est à Paris. Pardon, Mademoiselle, où est le Pont-Neuf?
ləpõnœfɛtapari pardõ madmwazɛl uɛlpõnœf

[wa] voici [vwasi], Mademoiselle [madmwazɛl]
Voici l'autobus, dans la rue Royale.
vwasilɔtɔbys dɑ̃laryrwajal

2.

C'est *Robert*. – *Il* est à Paris.
C'est *l'église de la Madeleine*. – *Elle* est à Paris.

a. C'est la tour Eiffel. **b.** C'est le Pont-Neuf. **c.** C'est la rue Royale. **d.** C'est la Seine. **e.** C'est Madeleine.

3.

Où est Madeleine?
Elle est sous le pont.

Où est l'autobus?
Il est ....

Où est Robert?

....

Où est Madeleine?

....

Où est Robert?

....

Où est Madeleine?

....

Où est Madeleine?

....

Où est la tour Eiffel?

....

4.

Pardon, Mademoiselle, où est le Pont-Neuf? (la rue Royale) – Pardon, Mademoiselle, où est la rue Royale?

a. la tour Eiffel **b.** l'église de la Madeleine **c.** l'autobus **d.** le téléphone.

5.

Où est la tour Eiffel? – Voici la tour Eiffel.

a. Où est le Pont-Neuf? **b.** Où est l'église de la Madeleine? **c.** Où est la Seine? **d.** Où est le restaurant? **e.** Où est le téléphone? **f.** Où est le café?

6.

a. Robert ist in Paris. **b.** Er ist auf dem Pont-Neuf. **c.** Madeleine ist auch in Paris. **d.** Verzeihung, (mein) Fräulein, wo ist die Madeleine? **e.** Und da ist Robert mit Fräulein Madeleine im Omnibus. **f.** Der Omnibus ist in der rue Royale vor der Madeleine.

2 A En vacances

Voilà Robert et Philippe.
Ils sont de Cologne.
Ils sont en route depuis huit heures.
Ce sont les vacances.

Voilà les Arnaud.
Ils sont de Paris.
Ils sont aussi en vacances, Monsieur Arnaud, Madame Arnaud et les enfants.

Robert: Bonjour, Monsieur, est-ce que la voiture est en panne?
M. Arnaud: Non, c'est pour le piquenique.
Robert: Ah oui, c'est vrai.

M. Arnaud: Gisèle, où sont les provisions? Est-ce qu'elles sont dans le coffre?
Mme Arnaud: Oui, elles sont dans le coffre, dans le panier, avec les assiettes et les verres.
M. Arnaud: Bon. Jean, les chaises et la table!

2 B

1. les – ils

Où sont	Robert et Philippe? Monsieur et Madame Arnaud? **les** verres?	**Ils** sont	en vacances. dans le panier.

2. les – elles

Où sont	Gisèle et Madeleine? **les** provisions?	**Elles** sont	en vacances. dans le panier.

Ausnahme: *les Arnaud.* (Vgl. im Deutschen: Müller*s* sind in Paris.)

3. est-ce que . . .?

Est-ce que la voiture Est-ce qu'elle	est en panne?
Est-ce que Robert et Philippe Est-ce qu'ils	sont en vacances?

4. est-ce que c'est . . .?

Est-ce que c'est Robert?	Oui, c'est Robert.
Est-ce que ce sont les Arnaud?	Oui, ce sont les Arnaud.

2 C

1. Ausspracheübung

[ɥi]: [wi] depuis [dəpɥi], huit [ɥit]; oui [wi]
Ils sont en route depuis huit heures. Oui, depuis huit heures.
ilsõtãrut dəpɥiɥitœːr wi dəpɥiɥitœːr

[ɲ] Cologne [kɔlɔɲ], le cognac [ləkɔɲak]
Ils sont de Cologne.
ilsõdkɔlɔɲ

[z]: [s] les enfants [lezãfã]; ils sont [ilsõ]
Où sont les enfants?
usõlezãfã

[ʒ] : [ʃ] Jean [ʒɑ̃], bonjour [bɔ̃ʒuːr]; les chaises [leʃɛːz]
Jean, où sont les chaises?
ʒɑ̃ usɔ̃leʃɛːz

[v] : [f] les verres [levɛːr], voilà [vwala]; le coffre [ləkɔfr]
Les verres sont dans le coffre.
levɛrsɔ̃dɑ̃lkɔfr

2.

> Le verre est dans le panier. (et les assiettes?) –
> Les assiettes sont aussi dans le panier.

a. Robert est en route. (et les Arnaud?) **b.** Robert est en vacances. (et les Arnaud?) **c.** La table est sur la voiture. (et les chaises?) **d.** Madeleine est de Paris. (et les Arnaud?) **e.** Philippe est dans l'autobus. (et Robert et Madeleine?)

3.

M. Arnaud est de Paris.		M. Arnaud est de Paris.
les Arnaud		Les Arnaud sont de Paris.
	en vacances	Les Arnaud sont en vacances.

a. les enfants		....
b. ils		....
c. Robert		....
d.	en route	....
e. il		....
f.	de Cologne	....
g. Robert et Philippe		....
h. ils		....
i.	à Paris	....
k. Madeleine		....
l.	dans l'autobus	....
m. elle		....
n. Robert et Madeleine		....
o. ils		....
p.	devant la Madeleine	....

4.

Où sont les assiettes? (dans le panier?) – Oui, elles sont dans le panier.

a. Où sont les Arnaud? (en route?) **b.** Où sont les enfants? (là-bas?) **c.** Où sont les verres? (dans le panier?) **d.** Où sont Robert et Madeleine? (devant la Madeleine?) **e.** Où sont les voitures? (dans la rue?) **f.** Où sont Robert et Philippe? (sur le Pont-Neuf?)

5.

Est-ce que les enfants sont à Paris? (en vacances) – Non, ils sont en vacances. Est-ce que c'est la rue Royale? (rue de Rivoli) – Non, c'est la rue de Rivoli.

a. Est-ce que Robert et Philippe sont de Paris? (Cologne) **b.** Est-ce que c'est la voiture de Robert? (Philippe) **c.** Est-ce qu'ils sont en panne? (en route depuis huit heures) **d.** Est-ce que c'est le Pont-Neuf? (Pont Notre-Dame) **e.** Est-ce que ce sont les provisions de Philippe? (Robert) **f.** Est-ce que l'autobus est devant Notre Dame? (la Madeleine)

6.

Où sont les provisions? (dans le panier?) – Est-ce qu'elles sont dans le panier?

a. Où est la voiture? (dans la rue?) **b.** Où sont les Arnaud? (en vacances?) **c.** Où est le panier? (dans le coffre?) **d.** Où sont les chaises? (sur la voiture?) **e.** Où est l'église de la Madeleine? (à Paris?) **f.** Où sont les verres? (dans le panier?) **g.** Où est l'autobus? (devant la Madeleine?)

7.

a. Robert und Philipp sind aus Köln. **b.** Sie sind seit acht Stunden unterwegs. **c.** Sind Herr und Frau Arnaud auch aus Köln? **d.** Nein, sie sind aus Paris. **e.** Die Stühle und der Tisch für das Picknick sind auf dem Auto. **f.** Der Korb mit dem Proviant ist im Kofferraum.

3 A Au café

Voici Monsieur Dubois. Il est employé de commerce. Il travaille pour la maison Lebrun.

Sur le bureau de Monsieur Dubois il y a des lettres, des dossiers et des notes.

C'est un beau jour de mai. Monsieur Dubois a chaud, il a faim et surtout, il a soif. Il est trois heures.

M. Dubois: Juliette, est-ce que Monsieur Lebrun est là?

Juliette: Non, Monsieur, il est en ville avec des clients.

Monsieur Dubois ferme les fenêtres, quitte le bureau et va au café.

Le garçon: Bonjour, Monsieur Dubois. Ça va? – Une bière, un apéritif, un verre de rouge?

M. Dubois: Un vin blanc, s'il vous plaît.

Monsieur Dubois cherche une place.

Le garçon: Là-bas, près de la fenêtre, Monsieur Dubois. Monsieur Lebrun est déjà là.

1. il a **3 B**

M. Dubois **a**	faim. soif.

2. il y a

Sur la table **il y a**	un verre. un apéritif. une bière.
	des verres. des assiettes.

3. il ferme – il va

M. Dubois	**ferme** **quitte**	les fenêtres. le bureau.	Il **va**	au café. au restaurant.

1. Ausspracheübung **3 C**

[ɛ̃] un [ɛ̃], Monsieur Lebrun [məsjøləbrɛ̃]; faim [fɛ̃]: vin [vɛ̃]
Monsieur Lebrun a faim. Un vin blanc et un apéritif.
məsjøləbrɛ̃afɛ̃ ɛ̃vɛ̃blɑ̃eɛ̃naperitif

[aj] il travaille [iltravaj]
Monsieur Lebrun travaille.
məsjøləbrɛ̃travaj

2.

M. Dubois Il Mme Arnaud Elle	a	soif. chaud. faim. une voiture. des enfants. un bureau. des employés. un café.

3.

Voici des taxis. – Robert cherche un taxi.

a. Voici des places. **b.** Voici des chaises. **c.** Voici des verres. **d.** Voici des assiettes. **e.** Voici des cafés. **f.** Voici des voitures. **g.** Voici des lettres. **h.** Voici des dossiers. **i.** Voici des restaurants.

4.

En ville il y a des voitures. dans la rue	En ville il y a des voitures. Dans la rue il y a des voitures.

a. devant le café		....
b.	des tables et des chaises	....
c. dans un bureau		....
d.	des dossiers	....
e.	des lettres	....
f. sur la table		....
g.	des notes	....
h.	des verres	....
i. dans le panier		....
k.	des assiettes	....
l.	des provisions	....

5.

M. Dubois travaille dans un bureau. – Est-ce que Juliette travaille aussi dans un bureau? M. Dubois a une voiture. – Est-ce que Juliette a aussi une voiture?

a. M. Dubois ferme les fenêtres. **b.** M. Dubois quitte le bureau. **c.** M. Dubois va au café. **d.** M. Dubois cherche une maison. **e.** M. Dubois a des enfants. **f.** M. Dubois va au restaurant. **g.** M. Dubois cherche un taxi. **h.** M. Dubois ferme le bureau.

6.

M. Dubois ferme les fenêtres. Juliette	M. Dubois ferme les fenêtres. Juliette ferme les fenêtres.

a.	le bureau	....
b. elle quitte		....
c.	la maison	....
d.	le café Royal	....
e. elle cherche		....
f. M. Arnaud		....
g.	une place près de la fenêtre	....
h. il a		....
i.	une voiture	....
k.	des employés	....
l. il cherche		....
m.	un dossier	....
n.	des clients	....

7.

a. Es ist drei Uhr. **b.** Herr Dubois geht ins Café. **c.** Ihm ist heiß und er hat Durst. **d.** Herr Dubois arbeitet für die Firma Lebrun. **e.** Herr Lebrun ist in der Stadt, und es ist ein schöner Maientag. **f.** Verläßt Juliette auch das Büro? **g.** Nein, sie arbeitet. **h.** Auf dem Tisch von Juliette sind (gibt es) Aktenordner und Briefe. **i.** Im Café sind (gibt es) Gläser auf den Tischen.

4 A L'égoïste

Le patron: Vous êtes chez nous depuis cinq ans?
La secrétaire: Oui, Monsieur, depuis cinq ans déjà.
Le patron: Vous travaillez très bien.
La secrétaire: Vous êtes bien aimable, Monsieur.
Le patron: . . . j'ai un problème.
La secrétaire: Oh, vous avez un problème?
Le patron: Oui. Je suis célibataire . . . on a toujours des problèmes. Est-ce que vous aimez les fleurs?
La secrétaire: Oh oui, Monsieur, j'aime les fleurs!
Le patron: Où est-ce que vous passez les vacances?
La secrétaire: Je reste à la maison, mais. . .
Le patron: Vous restez ici? Et vous aimez les fleurs? C'est formidable! Les fleurs, voilà le problème. . .

1. vous êtes – je suis

4 B

	Vous êtes employé?	Oui, **je suis** employé.
Est-ce que	**vous êtes** employé?	

2. vous avez – j'ai

	Vous avez une maison?	Oui, **j'ai** une maison.
Est-ce que	**vous avez** une maison?	

3. vous travaillez – je travaille

	Vous travaill**ez**?	Oui, **je** travaill**e**.
Est-ce que	**vous** travaill**ez**?	

4. où est-ce que . . .?

Où est-ce que vous travaillez?	Dans une maison de commerce.

1. Ausspracheübung

4 C

[jɛ̃] bien [bjɛ̃] Vous travaillez très bien.
vutravajetrɛbjɛ̃

Achten Sie auf die Bindungen:

[z]	vous êtes vuzɛt	[t]	ils sont en route ilsõtɑ̃rut
	vous avez vuzave		depuis huit heures dəpɥiɥitœːr
	vous aimez vuzeme		il est à Paris ilɛtapari
	les églises lezegliːz	[n]	un apéritif ɛ̃naperitif
	les autobus lezɔtɔbys		on a; on est; on aime õna õnɛ õnɛm
	des églises dezegliːz		vous êtes bien aimable vuzɛtbjɛ̃nemabl
	des autobus dezɔtɔbys		dans un autobus dɑ̃zɛ̃nɔtɔbys

2.

Est-ce que vous êtes célibataire? – Oui, je suis célibataire.

a. Est-ce que vous êtes employé? **b.** Est-ce que vous êtes en vacances? **c.** Est-ce que vous êtes secrétaire? **d.** Est-ce que vous êtes au bureau? **e.** Est-ce que vous êtes au café? **f.** Est-ce que vous êtes en panne? **g.** Est-ce que vous êtes en ville? **h.** Est-ce que vous êtes près de Paris? **i.** Est-ce que vous êtes le patron?

3.

Est-ce que vous avez une voiture? – Oui, j'ai une voiture.

a. Est-ce que vous avez chaud? **b.** Est-ce que vous avez faim? **c.** Est-ce que vous avez des fleurs? **d.** Est-ce que vous avez des problèmes? **e.** Est-ce que vous avez des enfants? **f.** Est-ce que vous avez une maison? **g.** Est-ce que vous avez un bureau? **h.** Est-ce que vous avez des employés?

4.

Où est-ce que vous cherchez un bureau? – Je cherche un bureau *à Paris*.

a. Où est-ce que vous travaillez? **b.** Où est-ce que vous restez? **c.** Où est-ce que vous cherchez les Arnaud? **d.** Où est-ce que vous êtes? **e.** Où est-ce que vous passez les vacances? **f.** Où est-ce que vous avez un restaurant?

5.

Je passe les vacances à Paris. – Où est-ce que vous passez les vacances?

a. Je travaille dans un bureau. **b.** Je reste à la maison. **c.** Je cherche une place près de la fenêtre. **d.** Je cherche les provisions dans le coffre. **e.** Je suis en vacances près de Cologne. **f.** J'ai un bureau à Paris. **g.** Je suis secrétaire chez M. Dubois.

6.

Je quitte la ville. la maison il	Je quitte la ville. Je quitte la maison. Il quitte la maison.

a.	le café Royal	....
b. je cherche		....
c.	Mademoiselle Juliette	....
d. vous		....
e.	le cognac	....
f. j'aime		....
g. vous		....
h.	Gisèle	....
i. il cherche		....
k.	le bureau de M. Dubois	....
l. vous		....
m. je ferme		....
n. vous		....
o.	les fenêtres	....

7.

Je suis en vacances. vous	Je suis en vacances. Vous êtes en vacances.

a. Gisèle		....
b.	bien aimable	....
c. elle		....
d. vous		....
e.	à la maison	....

8.

a. Der Chef ist Junggeselle. **b.** Ein Junggeselle hat immer Probleme. **c.** Aber er hat eine Sekretärin. **d.** Sie ist sehr liebenswürdig. **e.** Fräulein Juliette, wo verbringen Sie die Ferien? Sie bleiben hier? Das ist großartig. Ich habe Blumen zu Hause....

5 A Un film policier

Trois hommes entrent dans une bijouterie au coin de la rue. Ils ont des revolvers et une caméra.

Le patron n'est pas là, il fait des visites en ville. Mais les deux vendeuses n'ont pas peur. Pourquoi est-ce qu'elles ne donnent pas l'alarme? C'est parce que ce sont des gens de la télévision. Ils font un film policier.

– Bonjour, Mesdemoiselles, on tourne une scène pour un film policier. Aujourd'hui vous êtes les vedettes.
Attention, haut les mains, s'il vous plaît. Oui, comme ça, très bien.

Les vendeuses jouent bien, elles ne bougent pas.

– Merci beaucoup, c'est tout, c'est fini.

Les messieurs quittent la boutique.
Les femmes regardent par la vitrine.

– Qu'est-ce que c'est? Mon Dieu! La vitrine est vide.

1. **5 B**

  Parce que 	Les vendeuses Elles les hommes qu'ils	**n'ont pas** **ne donnent pas** **font**	peur. l'alarme. un film policier.

  Parce que 	Mme Dubois Elle les Arnaud qu'ils	passe [pas] pass**ent** [pas]	les vacances à Cannes.
  Parce que 	Mme Dubois Elle les Arnaud qu'ils	**fait** **font**	un pique-nique.

2. Qu'est-ce que . . .?

Qu'est-ce que c'est?	C'est une bijouterie.
Qu'est-ce qu'ils font?	Ils font un film policier.

1. Ausspracheübung **5 C**

a. [wɛ̃] coin [kwɛ̃]
Au coin de la rue
okwɛ̃dlary

b. Je travaille — mais je ne travaille pas toujours.
ʒətravaj — mɛʒəntravajpatuʒuːr

Il travaille — mais il ne travaille pas toujours.
iltravaj — mɛilnətravajpatuʒuːr und mɛintravajpatuʒuːr

Vous travaillez — mais vous ne travaillez pas toujours.
vutravaje — mɛvuntravajepatuʒuːr

2.

Mme Dubois passe les vacances à Cannes... parce que les Arnaud passent les vacances à Cannes.

a. Elle aime l'opéra... **b.** Elle a une voiture... **c.** Elle est en vacances... **d.** Elle regarde la télévision... **e.** Elle ne travaille pas... **f.** Elle visite les bijouteries... **g.** Elle a des problèmes... **h.** Elle a la migraine... **i.** Elle fait un pique-nique... **k.** Elle quitte la ville...

3.

Philippe cherche les femmes. – Mais les femmes ne cherchent pas Philippe.

a. Philippe regarde les femmes. **b.** Philippe aime les femmes. **c.** Philippe travaille pour les femmes. **d.** Philippe quitte les femmes.

4.

Vous passez les vacances à Cannes? – Pourquoi est-ce que les gens passent toujours les vacances à Cannes?

a. Vous cherchez une place près de la fenêtre? **b.** Vous avez des problèmes? **c.** Vous regardez la télévision? **d.** Vous restez à la maison? **e.** Vous avez peur? **f.** Vous visitez la Madeleine?

5.

Papa quitte l'hôtel.	Les enfants ne quittent pas l'hôtel.

a. Papa visite la ville. ....
b. Papa regarde les vitrines. ....
c. Papa a chaud. ....
d. Papa a soif. ....
e. Papa aime l'apéritif. ....

6.

Gisèle regarde un film policier. – Mais elle n'a pas peur.

a. Je regarde un film policier. **b.** Philippe regarde un film policier. **c.** Les femmes regardent un film policier. **d.** Mme Arnaud regarde un film policier. **e.** Vous regardez un film policier. **f.** Les garçons regardent un film policier.

7.

Les femmes ont peur. – C'est pourquoi elles ne bougent pas.

a. Vous avez peur. **b.** Les hommes ont peur. **c.** Gisèle a peur. **d.** J'ai peur. **e.** Elles ont peur. **f.** Il a peur. **g.** Ils ont peur.

8.

Les hommes entrent dans la bijouterie. – Qu'est-ce qu'ils font dans la bijouterie?

a. Mme Arnaud entre dans la bijouterie. **b.** Les employés entrent dans le bureau. **c.** M. Dubois entre dans le bureau. **d.** Gisèle entre dans la boutique.

9.

a. Gisela und Madeleine sind in der Stadt. **b.** Sie sehen die Schaufenster an. **c.** Hier ist ein Juweliergeschäft. **d.** Sie treten ein. **e.** Wo sind die Verkäuferinnen? **f.** Wo ist der Chef? **g.** Der Mann mit dem Revolver ist nicht der Chef. **h.** Gisela und Madeleine haben Angst. **i.** Sie rühren sich nicht. **k.** Der Mann sieht die zwei Frauen an und verläßt den Laden. **l.** Gisela und Madeleine geben Alarm.

6 A Eve au volant

Eve est une jolie jeune fille. Elle a une petite voiture bleue et elle aime faire des petites excursions. Mais elle n'aime pas rouler seule. Elle invite souvent des bons amis. Aujourd'hui Charles et Philippe vont avec elle à Versailles.

Eve: Comment allez-vous?
Charles: Oh, nous allons bien. Tu as une belle voiture confortable.
Eve: Mais vous avez l'air étrange.
Philippe: Mais non, nous sommes contents d'être avec une si charmante conductrice.
Eve: Est-ce que je suis une bonne conductrice?
Charles: Bien sûr, tu es formidable, mais...
Eve: Mais quoi?
Philippe: Tu ne regardes pas le compteur. Tu vas trop vite.
Eve: Je ne vais pas trop vite. Mais vous avez peur.
Charles: Nous n'avons pas peur, mais nous regardons en arrière.
Eve: Vous regardez le beau paysage?
Philippe: Non, nous regardons une grande voiture noire.
Eve: Une voiture noire?
Charles: Mais oui, la police.

1. tu – nous

Tu	**vas** vite. n'**as** pas peur. **es** content(e). ne regard**es** pas le compteur.	Nous	n'**allons** pas vite. **avons** peur. ne **sommes** pas content(e)s. regard**ons** le compteur.

2. Zusammenfassung: avoir, aller, Verben auf -er, être - Gegenwart

Je	J'**ai** ne **vais** pas regard**e** **suis**	Tu	**as** ne **vas** pas regard**es** **es**	Il Elle	**a** ne **va** pas regard**e** **est**	une voiture. vite. le compteur. avec des amis.
Nous	**avons** n'**allons** pas regard**ons** **sommes**	Vous	**avez** n'**allez** pas regard**ez** **êtes**	Ils Elles	**ont** ne **vont** pas regard**ent** **sont**	une voiture. vite. le compteur. avec des amis.

3. Eigenschaftswort (I)

Le restaurant est jol**i** et confortable.	C'est un jol**i** restaurant confortable.
La voiture est jol**ie** et confortable.	C'est une jol**ie** voiture confortable.
Les restaurant**s** sont jol**is** et confortable**s**.	Ce sont de(s) jol**is** restaurants confortable**s.**
Les voiture**s** sont jol**ies** et confortable**s**.	Ce sont de(s) jol**ies** voitures confortable**s.**

Merke:	*männlich:* rouge	beau (*Mehrzahl:* beaux)	bon
	weiblich: rouge	belle	bonne

beau, *bon*, *joli*, *grand*, *petit*, *jeune* stehen vor dem Hauptwort.

Eve et Philippe sont content**s**. Vorrang der männlichen Form.

des jolies voitures — Umgangssprache
de jolies voitures — gehobene Sprache

1.

Philippe n'est pas content. – Mais nous, nous sommes content(e)s.

a. Philippe n'est pas jeune. **b.** Philippe n'a pas chaud. **c.** Philippe n'est pas charmant. **d.** Philippe n'a pas soif. **e.** Philippe n'est pas grand. **f.** Philippe n'a pas peur. **g.** Philippe n'est pas aimable.

2.

On travaille beaucoup chez nous. – Nous travaillons beaucoup.

a. On est content chez nous. **b.** On va vite chez nous. **c.** On n'a pas peur chez nous. **d.** On joue bien chez nous. **e.** On aime le vin chez nous. **f.** On va en voiture chez nous. **g.** On a des problèmes chez nous.

3.

Ils vont vite. – Pourquoi est-ce que nous n'allons pas vite? Ils restent à la maison. – Pourquoi est-ce que nous ne restons pas à la maison?

a. Ils vont à Paris. **b.** Ils quittent le bureau. **c.** Ils vont au café. **d.** Ils travaillent. **e.** Ils vont bien. **f.** Ils regardent la télévision.

4.

Nous avons faim. – Nous allons au restaurant.

a. Vous avez faim. **b.** J'ai faim. **c.** Tu as faim. **d.** M. Dubois a faim. **e.** Il a faim. **f.** Les jeunes filles ont faim. **g.** Elles ont faim.

5.

Je vais au café. – Tu vas aussi au café?

a. Je vais en ville. **b.** Je vais au bureau. **c.** J'ai des problèmes. **d.** J'ai une voiture. **e.** Je suis en vacances. **f.** Je suis secrétaire. **g.** Je cherche une place. **h.** Je travaille au bureau. **i.** Je regarde le compteur.

6.

Le vin est bon. – C'est un bon vin. Les enfants sont jolis. – Ce sont des jolis enfants.

a. L'enfant est petit. **b.** Les vitrines sont grandes. **c.** Le paysage est beau. **d.** Les restaurants sont bons. **e.** Les routes sont bonnes. **f.** La ville est grande. **g.** Les maisons sont belles. **h.** La bijouterie est petite. **i.** Le verre est grand. **k.** Les autobus sont grands. **l.** La jeune fille est jolie. **m.** Les verres sont petits. **n.** Les vendeuses sont jeunes.

7.

La voiture est bleue. – C'est une voiture bleue. Les chaises sont confortables. – Ce sont des chaises confortables.

a. Le vin est rouge. **b.** Les enfants sont contents. **c.** Les chaises sont rouges. **d.** La voiture est confortable. **e.** Le taxi est noir. **f.** Les vendeuses sont aimables. **g.** L'employé est content. **h.** Le dossier est bleu.

8.

C'est un autobus bleu.	C'est un autobus bleu.
grand	C'est un grand autobus.
une femme	C'est une grande femme.

a. jolie ....
b. aimable ....
c. bon ....
d. un vin ....
e. rouge ....
f. une chaise ....
g. confortable ....

9.

a. Wir machen gerne kleine Ausflüge. **b.** Wir haben ein kleines Auto. **c.** Wir fahren nach Versailles. **d.** Wir schauen nicht auf den Tacho. **e.** Wohin fährst du? – Fährst du mit uns? **f.** Hast du Angst? **g.** Danke, ich fahre mit Robert. **k.** Er hat ein schönes, bequemes Auto und er fährt nicht schnell.

7 A A l'hôtel de la plage

Un monsieur arrive en taxi à l'hôtel. Le chasseur ouvre la portière du taxi. Le monsieur donne au chauffeur le prix de la course et entre dans le hall de l'hôtel. Le chasseur porte les bagages du client. A la réception le monsieur demande à l'employé: Vous avez réservé une chambre au nom de Forestier?

L'employé: Oui, Monsieur, c'est au premier étage avec vue sur la mer.
Le client: Quel est le prix de la chambre, s'il vous plaît?
L'employé: 40 francs, sans douche.
Le client: Et c'est combien avec douche?
L'employé: 50 francs, Monsieur.
Le client: Bon. Donnez-moi la chambre avec douche.
L'employé: Voilà la clé, numéro 14, Monsieur.
Le client: Est-ce que vous avez l'horaire des trains pour Marseille?
L'employé: Non, Monsieur, demandez aux renseignements, s'il vous plaît, le 12–08–13.
Le client: Est-ce que l'hôtel a une plage privée?
L'employé: Oui, nous avons une plage réservée aux clients.
Le client: Et pour avoir une chaise-longue sur la plage?
L'employé: Demandez dehors à la femme de service.
Le client: Merci, Monsieur.
L'employé: A votre service. Jean, montre donc la chambre à Monsieur.

1. de und à

Il donne	**à** Robert	une lettre	**de** Jean.
	à la vendeuse	une lettre	**de la** secrétaire.
	à l 'employé	une lettre	**de l** 'hôtel.
	au chauffeur	une lettre	**du** patron.
	aux clients	l'horaire	**des** trains.

Merke: à + le > au; à + les > aux; de + le > du; de + les > des.
Il donne la lettre à Robert – Il donne à Robert la lettre du patron.
Die längere oder betonte Satzergänzung steht nach.

Il va **de** Cologne	**à** Paris.	Il arrive	**à** Paris.
du bureau	**au** café.		**au** café.

2. demander

Il demande	l'employé.		Er verlangt den Angestellten.
	des renseignements.		Er verlangt Auskunft.
	des renseignements	à l'employé.	Er bittet den Angestellten um Ausk.
Il demande		à l'employé: « . . . »	Er fragt den Angestellten: „. . .“

3. Befehlsform (I)

Tu **portes** les bagages?	**Porte** les bagages!	**Portez** les bagages!
Tu **vas** à Versailles?	**Va** à Versailles!	**Allez** à Versailles!

4. Grundzahlen 1 – 16

0 zéro	5 cinq [k] cinq francs [ɛ̃] cinq enfants [k]	11 onze
1 un, une	6 six [s] six lettres [i] six amis [z]	12 douze
2 deux	7 sept [t]	13 treize
3 trois	8 huit [t] huit chaises [i] huit employés [t]	14 quatorze
4 quatre	9 neuf [f] neuf heures [nœvœːr]	15 quinze
	10 dix [s] dix verres [i] dix assiettes [z]	16 seize

1.

Le patron a une voiture. – Où est la voiture du patron?

a. L'hôtel a une plage. **b.** M. Dubois a une secrétaire. **c.** L'ingénieur a un bureau. **d.** Le client a une voiture. **e.** La voiture a un compteur. **f.** Les enfants ont des provisions. **g.** La dame a des bagages. **h.** Les jeunes filles ont une chambre.

2.

Où est l'hôtel Royal, s'il vous plaît? – Vous êtes près de l'hôtel Royal.

a. Où est la plage, s.v.p.? **b.** Où est le Pont-Neuf, s.v.p.? **c.** Où est la tour Eiffel, s.v.p.? **d.** Où est l'église de la Madeleine, s.v.p.? **e.** Où est le café Royal, s.v.p.? **f.** Où est la rue de Rivoli, s.v.p.? **g.** Où sont les Champs-Elysées, s.v.p.?

3.

C'est une belle chambre. – Quel est le prix de la chambre?

a. C'est une belle voiture. **b.** Ce sont des belles fleurs. **c.** C'est une jolie maison. **d.** Ce sont des jolis verres. **e.** C'est un très bon vin. **f.** Ce sont des chaises confortables. **g.** C'est une bonne caméra.

4.

Voilà les renseignements. – Demandez aux renseignements.

a. Voilà la secrétaire. **b.** Voilà le patron. **c.** Voilà les vendeuses. **d.** Voilà l'employé. **e.** Voilà le chasseur. **f.** Voilà les garçons. **g.** Voilà la femme de service. **h.** Voilà M. Lebrun. **i.** Voilà Philippe.

5.

La plage est pour les clients? – Oui, elle est réservée aux clients.

a. La table est pour le patron? **b.** L'autobus est pour les enfants? **c.** Les chambres sont pour les touristes? **d.** La douche est pour les dames? **e.** La place est pour le chauffeur? **f.** Le parking est pour les clients?

6.

Pourquoi est-ce que tu ne fermes pas la fenêtre? – Ferme donc la fenêtre.
Pourquoi est-ce que vous n'entrez pas? – Entrez donc.

a. Pourquoi est-ce que tu ne regardes pas le compteur? **b.** Pourquoi est-ce que vous n'allez pas à Versailles? **c.** Pourquoi est-ce que vous ne quittez pas le bureau? **d.** Pourquoi est-ce que tu ne cherches pas la clé? **e.** Pourquoi est-ce que tu ne vas pas à la maison? **f.** Pourquoi est-ce que vous ne demandez pas le prix? **g.** Pourquoi est-ce que tu ne regardes pas en arrière? **h.** Pourquoi est-ce que vous ne donnez pas l'alarme?

7.

Robert donne une lettre à M. Dubois.	Robert donne une lettre à M. Dubois.
au patron	Robert donne une lettre au patron.
le dossier	Robert donne le dossier au patron.

a. à la secrétaire	....
b. la clé	....
c. il demande	....
d. au chauffeur	....
e. les bagages	....
f. il montre	....

8.

a. Haben Sie ein Zimmer reserviert auf den Namen Lebrun? **b.** Ja, es ist im 1. Stock. **c.** Was kostet das Zimmer? **d.** 40 Franken ohne Dusche. **e.** Haben Sie ein Zimmer mit Dusche? **f.** Geben Sie mir das Zimmer mit Dusche, bitte. **g.** Hier ist der Schlüssel. **h.** Jean, zeige dem Herrn das Zimmer. **i.** Haben Sie den Fahrplan der Züge nach Paris? **k.** Nein, fragen Sie bitte die Auskunft.

8 A Plus d'alcool

Monsieur Rivet est au lit. Il a une crise de foie.

Mme Rivet: Une fois pour toutes, plus d'alcool! Il y a de la limonade. Tu en veux?

M. Rivet: Je ne veux pas de limonade.

Mme Rivet: Du thé non plus?

M. Rivet: Non, pas de thé. Je n'en veux pas.

Mme Rivet: Il y a aussi des oranges sur la table.

M. Rivet: Merci, pas d'oranges.

Mme Rivet: Alors, un jus de fruits? Il en reste.

M. Rivet: Non, pas de jus de fruits.

Mme Rivet: J'ai beaucoup de lait à la maison. Le lait est bon pour la santé. Un verre de lait peut-être?

M. Rivet: Non, pas de lait.

Mme Rivet: Enfin, un peu de vin rouge avec de l'eau minérale?

M. Rivet: Non, pas d'eau minérale.

1. Teilungsartikel und bestimmter Artikel

Voilà **du** lait.	Unbestimmte Menge
Le lait est bon pour la santé. **Le** lait de Normandie est bon.	Gegensatz, z. B.: Milch – Alkohol. Eine bestimmte Sorte.

2. Mengenangabe + de

	une orange.		ne veux **pas**	d'	orange.
	du thé.		ne veux **pas**	de	thé.
	de l'alcool.		ne veux **plus**	d'	alcool.
Voilà	de la limonade.	Je	veux un **peu**	de	limonade.
	de l'eau minérale.		veux **un verre**	d'	eau minérale.
	des fruits.		veux **beaucoup**	de	fruits.
	des oranges.		veux **un kilo**	d'	oranges.

Merke: 1. *avec de l*'eau minérale aber: *sans* eau minérale.
2. Ausdrücke mit *faire*:
il fait du camping
il fait du ski
il fait du sport
il fait de la musique.

Unterscheide: Il n'a pas *de* clés = Er hat *keine* Schlüssel.
Il n'a pas *les* clés = Er hat *die* Schlüssel *nicht*.
ne. . .pas de = kein

3. en als Fürwort (I)

Il y a un jus de fruits. Il y a du vin rouge.	Il en reste? Je n'en veux pas. Vous en avez beaucoup?	Ist noch welcher da? Ich will keinen. Haben Sie viel?

Beachten Sie die Stellung von *en* vor dem Zeitwort.

8 C

1.

> Nous n'avons plus de café. – Voilà du café.

a. Nous n'avons plus de bière. **b.** Nous n'avons plus de vin. **c.** Nous n'avons plus d'eau minérale. **d.** Nous n'avons plus de lait. **e.** Nous n'avons plus d'oranges. **f.** Nous n'avons plus de verres.

2.

> Vous avez de la limonade? – Non, je n'ai pas de limonade.

a. Vous avez du lait? **b.** Vous avez de la bière? **c.** Vous avez du vin blanc? **d.** Vous avez de l'eau minérale? **e.** Vous avez des fruits? **f.** Vous avez des enfants? **g.** Vous avez des amis? **h.** Vous avez des clients?

3.

> Vous aimez le vin? – Oui, donnez-moi du vin.

a. Vous aimez le lait? **b.** Vous aimez la bière? **c.** Vous aimez les fleurs? **d.** Vous aimez le thé? **e.** Vous aimez l'eau de Cologne? **f.** Vous aimez le chocolat?

4.

> Elle aime les fleurs. – Elle a beaucoup de fleurs à la maison.

a. Elle aime les fruits. **b.** Elle aime le lait. **c.** Il aime le cognac. **d.** Il aime les cigarettes. **e.** Elle aime le chocolat. **f.** Elle aime le parfum. **g.** Il aime l'eau minérale. **h.** Elle aime les souvenirs.

5.

> Donnez-moi un verre. – Il n'y a plus de verre(s).

a. Donnez-moi une assiette. **b.** Donnez-moi une chaise. **c.** Donnez-moi une chambre. **d.** Donnez-moi une clé. **e.** Donnez-moi un dossier. **f.** Donnez-moi un jus de fruits. **g.** Donnez-moi une photo.

6.

> Est-ce qu'il a toujours des problèmes? – Non, il n'en a plus.

a. Est-ce qu'elle fait toujours des excursions? **b.** Est-ce qu'il a toujours une voiture? **c.** Est-ce qu'elle invite toujours des amis? **d.** Est-ce qu'il cherche toujours une maison? **e.** Est-ce qu'il a toujours des clients? **f.** Est-ce qu'elle fait toujours de la musique? **g.** Est-ce qu'elle fait toujours du ski?

7.

> Il reste du lait. Tu en veux? – Oui, un peu de lait, s'il te plaît.

a. Il reste du vin. Tu en veux? **b.** Il reste de l'eau minérale. Tu en veux? **c.** Il reste du thé. Tu en veux? **d.** Il reste de la limonade. Tu en veux? **e.** Il reste du cognac. Tu en veux? **f.** Il reste de la bière. Tu en veux?

8.

> Vous aimez le vin avec de l'eau? – Sans eau, s'il vous plaît.

a. Vous aimez les fruits avec de la crème? **b.** Vous aimez le thé avec du cognac? **c.** Vous aimez le bifteck avec des pommes frites? **d.** Vous aimez le rosbif avec de la salade? **e.** Vous aimez le whisky avec du soda?

9.

> Est-ce que vous avez des tomates et des oranges? –
> J'ai des tomates mais plus d'oranges.

a. Est-ce que vous avez des pommes frites et des champignons? **b.** Est-ce que vous avez du thé et du café? **c.** Est-ce que vous avez de l'eau minérale et de la limonade? **d.** Est-ce que vous avez des assiettes et des verres? **e.** Est-ce que vous avez du café et du lait? **f.** Est-ce que vous avez un bureau et des employés?

10.

a. Frau Rivet hat Milch, Kaffee, Limonade, Tee und Wein im Haus. **b.** Was willst du? **c.** Ich will ein Glas Rotwein ohne Mineralwasser.

9 A Une lettre

Caen, le 11 août 19. . .

Cher oncle,

Jusqu'à présent les vacances ont été magnifiques. Je suis à Caen avec un groupe de jeunes. Nous sommes arrivés ici il y a quinze jours. Il fait toujours beau et nous sommes très contents. Est-ce que vous avez eu du beau temps à Nancy?

Nous avons passé des jours agréables. Nous sommes allés voir le port et les parcs à huîtres. J'ai souvent dégusté des huîtres. Est-ce que tu en as déjà mangé? C'est vraiment une spécialité, mais il y en a d'autres: Les crêpes, les tripes, le camembert, le cidre et le calvados sont excellents ici. C'est comme ça que j'ai dépensé beaucoup d'argent.

Quand les autres sont allés plus loin – ils ont visité le Mont-Saint-Michel – je suis resté à Caen faute d'argent.

Tante Henriette et toi vous n'êtes jamais allés à Caen. Voilà l'occasion. Si tu n'es pas libre le prochain week-end, envoie donc une lettre ou tout simplement un chèque.

A très bientôt

Philippe

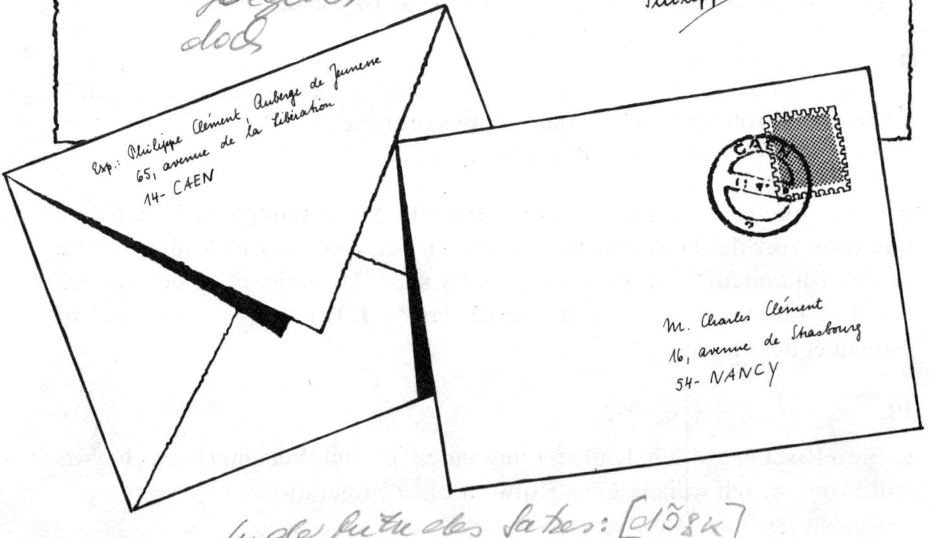

Das passé composé

1.

J(e)(n')	**ai** (pas)	**dépensé**	beaucoup d'argent.
Est-ce que tu en	**as**	**mangé?**	
Il	**a**	**visité**	le Mont-Saint-Michel.
Nous	**avons**	**passé**	des jours agréables.
Est-ce que vous	**avez**	**eu**	du beau temps?
Les vacances	**ont**	**été**	magnifiques.

Vgl.:	mang*er* [mɑ̃ʒe]	essen	–	mang*é* [mɑ̃ʒe]	gegessen
	avoir [avwar]	haben	–	*eu* [y]	gehabt
	être [ɛtr]	sein	–	*été* [ete]	gewesen
	Grundform			Mittelwort der Vergangenheit	

Das passé composé wird meistens mit *avoir* gebildet.

2. Ausnahme:

Je *suis*	**resté(e)** [rɛste]	à Caen.
Vous n'*êtes* jamais	**allé(e)s** [ale]	à Caen.
Nous *sommes*	**arrivé(e)s** [arive]	il y a quinze jours.
Les autres *sont*	**allé(e)s** [ale]	plus loin.

Einige Zeitwörter (Gruppe Ruhe und Bewegung) bilden das passé composé mit *être*.
Das Mittelwort der Vergangenheit richtet sich wie ein Eigenschaftswort nach dem Satzgegenstand.

3. Besonderheiten der Schreibung:

envoyer, employer:

stammbetont	*endungsbetont*
j'envo*i*e	nous envo*y*ons
tu envo*i*es	vous envo*y*ez
il, elle envo*i*e	envo*y*é

manger: nous mang*e*ons: e-Einschub nur vor *-ons*.

4. Kein Apostroph, keine Bindung bei

le huit [lə ɥit], le onze [lə ɔ̃z] août. Vgl. deutsch: der 8., der 11. August.

 120

1.

Fermez la porte. – J'ai déjà fermé la porte.

a. Cherchez une place. **b.** Regardez la vitrine. **c.** Montrez la chambre à monsieur. **d.** Visitez le Mont-St-Michel. **e.** Mangez la soupe. **f.** Demandez le prix. **g.** Envoyez un chèque.

2. 150

Il va à Cannes. – Nous ne sommes jamais allé(e)s à Cannes.

a. Il va vite. **b.** Elle entre dans une boutique Dior. **c.** Elle arrive à Orly. **d.** Elle reste au lit jusqu'à dix heures. **e.** Ils restent des heures à table. **f.** Ils vont dîner au Ritz. **g.** Ils arrivent les premiers.

3.

Nous avons une voiture. – Les Arnaud n'ont jamais eu de voiture. Nous sommes contents. – Les Arnaud n'ont jamais été contents.

a. Nous avons la grippe. **b.** Nous sommes les premiers. **c.** Nous avons peur. **d.** Nous sommes à Monaco. **e.** Nous avons faim. **f.** Nous sommes seuls. **g.** Nous avons des problèmes.

4.

J'ai un restaurant . . . parce que papa a eu un restaurant.

a. Je travaille dans un bureau . . . **b.** Je suis employé de commerce . . . **c.** Je vais à Paris . . . **d.** J'ai des maisons . . . **e.** Je n'ai pas d'argent . . . **f.** Je suis client de la maison Lebrun . . . **g.** J'ai une place réservée . . .

5.

J'ai quitté l'hôtel. – Je ne suis pas resté(e) à l'hôtel.

a. Nous avons quitté l'hôtel. **b.** Tu as quitté la maison. **c.** Vous avez quitté la maison. **d.** M. Dubois a quitté le bureau. **e.** La secrétaire a quitté le bureau. **f.** Les jeunes hommes ont quitté la plage. **g.** Les jeunes filles ont quitté la plage.

6.

> Tante Henriette a envoyé un chèque.
> Pourquoi est-ce qu'elle a envoyé un chèque?
> Parce que je n'ai plus d'argent.

a. Pourquoi est-ce que vous ....?
Parce que j'ai dépensé beaucoup d'argent.

b. ....
Parce que j'ai joué à la roulette.

c. ....?
Parce que je suis entré dans le casino.

d. ....
Parce que je suis allé à Monaco.

e. ....?
Parce que j'ai eu beaucoup de temps.

f. ....?
Parce que je suis en vacances.

7. Mettez au passé composé (Setzen Sie in das passé composé)

a. Je passe des jours agréables. **b.** Souvent je déguste des huîtres. **c.** Est-ce que tu en manges? **d.** Comme ça je dépense beaucoup d'argent. **e.** Les autres vont plus loin. **f.** Ils visitent le Mont-St-Michel. **g.** Est-ce que vous avez du beau temps à Nancy?

8.

a. Ich bin hier vor zwei Wochen angekommen. **b.** Bis jetzt haben wir schönes Wetter gehabt. **c.** Ist das Wetter in Nancy schön gewesen? **d.** Wir haben Austern probiert. **e.** Habt ihr schon welche gegessen? **f.** Warum seid ihr nie nach Caen gefahren? **g.** Habt ihr einen Scheck geschickt?

Test 1

1.

Je regarde la télévision. Et Jean? – Jean regarde aussi la télévision.

a. Je quitte la maison. Et Madeleine?
b. Je cherche une place. Et les Arnaud?
c. Je suis secrétaire. Et Gisèle?
d. Je vais à Paris. Et Robert?
e. J'ai une voiture. Et les Arnaud?
f. Je suis en vacances. Et les autres?
g. Je vais au café. Et les clients?
h. J'ai faim. Et les enfants?

2.

Robert travaille beaucoup. – Nous aussi, nous travaillons beaucoup.

a. Il va au bureau. Nous aussi...
b. Jean reste à la maison. Vous aussi...
c. Elle est en panne. Nous aussi...
d. Gisèle a peur. Vous aussi...
e. M. Arnaud a une voiture. Nous aussi...
f. Le patron envoie une lettre. Nous aussi...
g. Il est en arrière. Vous aussi...
h. Elle va trop vite. Vous aussi...
i. Il cherche une secrétaire. Nous aussi...

3.

Jean est content. – Mais Madeleine n'est pas contente.

a. Robert est grand. Mais Gisèle...
b. Gisèle est belle. Mais Robert...
c. Le patron est aimable. Mais les clients...
d. Il est seul. Mais nous...
e. Le jus de fruits est bon. Mais les oranges...
f. Le paysage est joli. Mais les maisons...

g. Jean est formidable. Mais vous...
h. M. Dubois est petit. Mais les jeunes filles...

4.

Le café est petit. – J'aime les petits cafés.

a. La chaise est confortable.
b. La voiture est rouge.
c. Le problème est grand.
d. La jeune fille est jolie.
e. Le patron est aimable.

5.

Vous n'avez pas de fruits? – Voici des fruits.

a. Vous n'avez pas de chaise? Voici...
b. Vous n'avez pas de vin?
c. Vous n'avez pas de verre?
d. Vous n'avez pas d'argent?
e. Vous n'avez pas de fleurs?
f. Vous n'avez pas d'eau minérale?
g. Vous n'avez pas de lait?
h. Vous n'avez pas de limonade?

6.

Est-ce que Robert entre dans le club? – Il est déjà entré dans le club.

a. Est-ce que Gisèle va à Paris?
b. Est-ce que Jean mange des huîtres?
c. Est-ce que Madeleine ferme les fenêtres?
d. Est-ce que les Arnaud vont à Cannes?
e. Est-ce que Gisèle arrive à Orly?
f. Est-ce que les enfants regardent le film?
g. Est-ce que Jean et Philippe entrent dans le club?
h. Est-ce que Gisèle et Madeleine vont à la maison?
i. Est-ce que Gisèle et Madeleine réservent une place?

7.

Robert ne travaille pas dans un bureau. – Il n'a jamais travaillé dans un bureau. Je ne travaille pas. – Je n'ai jamais travaillé.

a. Jean n'a pas peur.
b. Vous n'aimez pas les fleurs.
c. Les Arnaud n'ont pas beaucoup d'argent.
d. Les employés ne sont pas contents.
e. Nous ne dépensons pas beaucoup d'argent.
f. Madeleine n'est pas charmante.
g. Tu n'as pas beaucoup d'amis.
h. Je ne suis pas content(e).
i. Je n'ai pas la grippe.
k. Nous ne sommes pas en vacances.

8. Schreiben und sprechen Sie:

a. 15; 6; 3; 16; 2; 8; 13; 11; 12; 0; 7; 5; 10.
b. 5 enfants; 5 fleurs; 8 verres; 10 chaises; 9 lettres.
c. 4 dossiers; 6 voitures; 7 fenêtres; 2 amis.

9. Vervollständigen Sie die Sätze:

a. Vous avez une voiture? Je n'ai pas...
b. Vous avez la lettre? Je n'ai pas...
c. Vous avez de la limonade? Je n'ai pas...
d. Vous avez les clés? Je n'ai pas...
e. Vous avez du café? Je n'ai pas...
f. Vous avez des amis? Je n'ai pas...
g. Vous avez de l'eau minérale? Je n'ai pas...
h. Vous avez un problème? Je n'ai pas...
i. Vous avez l'horaire? Je n'ai pas...

10.

C'est M. Dubois. Il a un bureau. – Voilà le bureau de M. Dubois.

a. Ce sont les Arnaud. Ils ont une maison.

b. C'est Madeleine. Elle a un ami.
c. C'est le patron. Il a une boutique.
d. C'est la secrétaire. Elle a un bureau.
e. C'est l'employé. Il a une voiture.

11.

Il va *de* Cologne *à* Paris.

a. Il va ... autobus ... hôtel.
b. Il va ... bureau ... café.
c. Il va ... plage ... maison.
d. Il va ... rue Royale ... Pont-Neuf.

12.

Je ne téléphone pas. – J'envoie une lettre.

a. Nous ne téléphonons pas.
b. Il ne téléphone pas.
c. Tu ne téléphones pas.
d. Vous ne téléphonez pas.
e. Elles ne téléphonent pas.

13.
a. Demandez à l'employé le prix de la chambre.
b. Demandez au garçon le prix du vin.
c. Demandez une chaise à la femme de service.
d. Demandez à l'employé l'horaire des trains.
e. Demandez à l'employé la clé de la chambre.

14. Übersetzen Sie:
a. Vor zwei Jahren bin ich nach Paris gefahren.
b. Ich habe angenehme Tage verbracht.
c. Man gibt viel Geld aus in Paris.
d. Es gibt schöne Geschäfte, gute Restaurants und guten Wein.
e. Haben Sie schon einmal Austern probiert?
f. Sind Sie noch nie in Paris gewesen?
g. Wo verbringen Sie die Ferien?

11 A Un pari

René: Ecoute, Jean, je parie que tu vas dire quatre-vingt-un si je veux.
Jean: Qu'est-ce que tu paries?
René: Vingt francs.
Jean: D'accord. On va voir tout de suite.
René: Commençons: Combien de doigts as-tu?
Jean: J'en ai dix.
René: Et combien font dix et vingt et un?
Jean: Trente et un.
René: Combien font quatre fois trente et un?
Jean: ...Cent vingt-quatre.
René: Moins quarante-trois?
Jean: Ça fait...quatre-vingt...Non, je ne dis rien.
René: Bravo, tu es malin.
Combien de jours y a-t-il dans une année?
Jean: Il y en a trois cent soixante-cinq.
René: Divisé par cinq?
Jean: Soixante-treize.
René: Très bien... Et dix-huit?
Jean: Quatre-vingt-onze.
René: Ça y est. Donne-moi l'argent.
Jean: Mais non, pas du tout, ça fait quatre-vingt-onze, pas quatre-vingt-un.
René: Oui, grand fou, mais maintenant tu as dit quatre-vingt-un. J'ai gagné vingt francs.

1. en als Fürwort (II)

Combien **de doigts** as-tu? Wie viele Finger hast du?	J'**en** ai dix. Ich habe zehn (davon).

en (Grundbedeutung „davon") bleibt im Deutschen bei Zahlwörtern und Mengenangaben unübersetzt. (Vgl. 8 B)

2. Die Frage (I)

Vous restez ici? Est-ce que je suis une bonne conductrice? (6 A) Combien de mois y **a-t-il** dans une année? Comment **allez-vous**? (6 A)	1. Nur mit Stimmton. 2. Vorsetzen von *est-ce que*...? (1. Person *nur* mit *est-ce que*...?) 3. Umstellung von persönlichem Fürwort und Zeitwort wie im Deutschen.

3. Die Zukunft (I)

Je parie que tu **vas dire**...	On **va voir** tout de suite.

Die Zukunft kann mit *aller* und der Grundform ausgedrückt werden.

4. Besonderheiten der Schreibung: commençons [kɔmɑ̃sɔ̃]

5. Die Zahlen von 17–1000

17 dix-sept	18 dix-huit	19 dix-neuf
20 vingt [vɛ̃]	21 vingt et un [vɛ̃teɛ̃]	22 vingt-deux [vɛ̃dø]
30 trente	31 trente et un	33 trente-trois
40 quarante	41 quarante et un	44 quarante-quatre
50 cinquante	51 cinquante et un	55 cinquante-cinq
60 soixante	61 soixante et un	66 soixante-six
70 soixante-dix	71 soixante et onze	77 soixante-dix-sept
80 quatre-vingts	81 quatre-vingt-un [vɛ̃ɛ̃]	88 quatre-vingt-huit
90 quatre-vingt-dix	91 quatre-vingt-onze	99 quatre-vingt-dix-neuf
100 cent	101 cent un	300 trois cents
1000 mille	1001 mille un	3000 trois mille

Aber: 1972 = en dix-neuf cent soixante-douze.

11 C

1.

Est-ce qu'il est allé au bureau? – Non, mais il va aller au bureau tout de suite.

a. Est-ce que Robert est arrivé? **b.** Est-ce que M. Dubois est allé au café? **c.** Est-ce que les enfants ont mangé? **d.** Est-ce que Gisèle a demandé aux renseignements? **e.** Est-ce que Jacques a parié? **f.** Est-ce que M. Lebrun a été content?

2.

Tu n'as pas peur. – Mais tu vas avoir peur.

a. Il n'a pas soif. **b.** Ils n'ont pas peur. **c.** Vous n'avez pas chaud. **d.** Gisèle n'a pas peur. **e.** Nous n'avons pas soif. **f.** Nous n'allons pas vite. **g.** Il ne travaille pas. **h.** Je ne vais pas vite. **i.** Vous n'êtes pas contents. **k.** Je ne suis pas seule. **l.** Tu ne travailles pas.

3.

Tu as beaucoup d'argent. – Combien d'argent as-tu?

a. Il a beaucoup d'argent. **b.** Les Arnaud ont beaucoup d'argent. **c.** Vous avez beaucoup d'argent. **d.** Gisèle a beaucoup d'argent. **e.** Gisèle et Madeleine ont beaucoup d'argent.

4.

Jean n'est pas à la maison. – Où est Jean?

a. Robert n'est pas à la maison. **b.** Gisèle n'est pas à la maison. **c.** Les Lebrun ne sont pas à la maison. **d.** Gisèle et Madeleine ne sont pas à la maison. **e.** Elles ne sont pas à la maison. **f.** Il n'est pas à la maison. **g.** Ils ne sont pas à la maison.

5.

Est-ce que Robert a une voiture? – Il en a deux.

a. Est-ce que les Arnaud ont un enfant? **b.** Est-ce que M. Dubois cherche une place? **c.** Est-ce que M. Lebrun a une secrétaire? **d.** Est-ce qu'il mange une crêpe? **e.** Est-ce qu'elle invite un ami? **f.** Est-ce qu'elle réserve une place? **g.** Est-ce que M. Rivet demande un cognac? **h.** Est-ce que Mme Rivet porte un panier?

6.

31 + 10 = ...	51 + 20 = ...	61 + 20 = ...
21 + 40 = ...	50 + 24 = ...	42 + 40 = ...
31 + 40 = ...	40 + 35 = ...	35 + 50 = ...
41 + 10 = ...	30 + 46 = ...	72 + 20 = ...
11 + 10 = ...	29 + 50 = ...	78 + 20 = ...

7.

101 – 20 = ...	5 × 25 = ...	120 : 6 = ...
108 – 20 = ...	6 × 20 = ...	180 : 3 = ...
103 – 20 = ...	3 × 6 = ...	243 : 3 = ...
113 – 20 = ...	3 × 12 = ...	142 : 2 = ...
117 – 20 = ...	10 × 70 = ...	160 : 4 = ...

8.

a. Wie viele Angestellte hat Herr Lebrun? **b.** Er hat fünf. **c.** Gisela ist Sekretärin. **d.** Sie arbeitet sehr gut. **e.** Sie ist [2]seit drei Jahren [1]im Hause Lebrun. **f.** Heute ist sie schon nach Hause gegangen. **g.** Sie wird mit einem Freund einen Ausflug machen. **h.** Sie werden nach Versailles fahren.

12 A A la gare

Charles et son amie Gisèle font un voyage par le train. Comme d'habitude ils sont pressés. Mais avant de passer sur le quai il faut montrer les billets.

Le haut-parleur:	Messieurs les voyageurs pour Dijon, Lyon, Marseille. Rapide avec supplément, quai numéro 2, voie 3, départ dans deux minutes.
Le contrôleur:	Vos billets, s'il vous plaît. Votre billet, Monsieur.

Charles fouille dans son porte-monnaie.

Charles:	Ils ne sont pas dans mon porte-monnaie.
Gisèle:	Peut-être dans ta poche intérieure?

Charles cherche dans sa poche intérieure.

Charles:	Non, ils ne sont pas dans ma poche intérieure.
Gisèle:	Et dans tes poches de pantalon?

Il retourne ses poches de pantalon.

Charles:	Rien dans mes poches de pantalon.
Gisèle:	Dans ton gilet? Vite, nous allons manquer notre train.
Charles:	Dans mon gilet non plus.
Le contrôleur:	Excusez, Monsieur, mais il y a deux billets dans le ruban de votre chapeau.
Charles:	Ah, les voilà. Voilà nos billets, Gisèle. Mille fois merci, Monsieur.

1. Das besitzanzeigende Fürwort (I)

a)

Où sont les billets?	Ils ne sont pas dans Ils sont dans Il fouille dans	**mon** **ton** **son**	porte-monnaie.
	Ils ne sont pas dans Peut-être dans Il cherche dans	**ma** **ta** **sa**	poche intérieure.
	Rien dans Cherche dans Il retourne	**mes** **tes** **ses**	poches.

Charles cherche **son** billet. Gisèle cherche **son** billet.	Karl sucht **seine** Fahrkarte. Gisela sucht **ihre** Fahrkarte.

Im Französischen richtet sich das besitzanzeigende Fürwort in Geschlecht und Zahl nach dem folgenden Hauptwort (Besitztum).

Charles et *son a*mie.	C'est *mon h*abitude.

Vor Selbstlauten und stummem h steht immer *mon*, *ton*, *son*.

b)

Votre billet, Monsieur. C'est **votre** train. **Vos** billets, s'il vous plaît.	Où est **mon** billet? Nous allons manquer **notre** train. Où sont **nos** billets?

Votre, *vos:* In der Anrede für einen oder mehrere Besitzer, kein Geschlecht.
Notre, *nos*: Mehrere Besitzer, kein Geschlecht.

2. il faut

Il faut montrer les billets.	Man muß die Fahrkarten vorzeigen.

1.

Est-ce que le billet est dans ta poche? – Non, il n'est pas dans ma poche.

a. Est-ce que le porte-monnaie est dans ta voiture? **b.** Est-ce que le dossier est dans ton bureau? **c.** Est-ce que les provisions sont dans ton panier? **d.** Est-ce que les billets sont dans tes poches? **e.** Est-ce que la lettre est dans tes bagages? **f.** Est-ce que le chapeau est dans ta chambre? **g.** Est-ce que Jean travaille dans ta maison?

2.

Ce sont les enfants de Mme Rivet? – Oui, ce sont ses enfants.

a. C'est le bureau de M. Dubois? **b.** C'est la voiture de M. Lebrun? **c.** C'est l'oncle de M. Lebrun? **d.** C'est la spécialité de Mme Rivet? **e.** C'est la place de Gisèle? **f.** Ce sont les amis de Charles? **g.** C'est le chapeau de Madeleine? **h.** C'est le porte-monnaie de Juliette? **i.** C'est l'amie de Robert?

3.

C'est une belle voiture. – C'est ta voiture?

a. C'est une grande maison. **b.** C'est un joli hôtel. **c.** C'est une jolie caméra. **d.** C'est une belle femme. **e.** C'est une belle chambre. **f.** Ce sont des belles fleurs. **g.** C'est un grand panier. **h.** Ce sont des jolis enfants.

4.

Où sont mes bagages? – Voilà vos bagages.

a. Où est mon chapeau? **b.** Où sont mes amis? **c.** Où est mon billet? **d.** Où est ma femme? **e.** Où sont mes clés? **f.** Où est ma voiture? **g.** Où est mon porte-monnaie? **h.** Où est mon verre?

5.

> Voilà vos bagages, Messieurs. – Ce ne sont pas nos bagages.

a. Voilà votre voiture. **b.** Voilà vos billets. **c.** Voilà vos clés. **d.** Voilà vos lettres. **e.** Voilà votre chambre. **f.** Voilà vos places. **g.** Voilà votre table. **h.** Voilà votre train.

6.

> Montrez les billets. – Il faut montrer les billets.

a. Allez à la maison. **b.** Cherchez les billets. **c.** Fermez la fenêtre. **d.** Donnez l'alarme. **e.** Regardez le compteur. **f.** Demandez le prix. **g.** Envoyez une lettre. **h.** Restez à la maison.

7. Que fait-il de son argent?

> Vous n'avez pas de maison. Mais vous avez une voiture peut-être? Je n'ai pas de voiture non plus.

a. Vous mangez au restaurant? **b.** Vous aimez le vin? **c.** Vous allez souvent en vacances? **d.** Vous avez beaucoup d'amis? **e.** Comme ça vous avez beaucoup d'argent?

8.

> Je ne porte pas de chapeau. – Mon amie Gisèle n'en porte pas non plus.

a. Je ne joue pas bien. **b.** Je n'invite pas d'amis. **c.** Je n'ai pas de voiture. **d.** Je ne roule pas vite. **e.** Je ne vais pas bien. **f.** Je n'ai pas d'argent. **g.** Je ne porte pas de pantalon. **h.** Je n'ai pas de problèmes.

9.

a. Karl und seine Freundin Gisela machen eine Reise mit dem Zug. **b.** Sie sind in dem Zug nach Marseille. **c.** Gisela findet ihre Fahrkarte nicht. **d.** Wo ist sie? **e.** Sie sucht in ihrem Gepäck. **f.** Die Fahrkarte ist nicht da. **g.** Das wird teuer sein.

13 A A la banque

Le chef d'une maison d'exportation va trouver le directeur de sa banque.

Le chef d'entreprise: J'ai besoin de renseignements sur quelques firmes américaines. On parle de faillites. Est-ce que certains de vos clients américains sont en difficulté?

Le directeur de la banque: En principe nous ne donnons pas de renseignements sur nos clients. Notre banque garde le secret sur leurs affaires. Autrement, les clients n'ont pas confiance en leur banque.

Le chef d'entreprise: C'est normal. Mais j'ai apporté une liste avec quelques noms de firmes. Dites seulement si une des firmes est en danger sans en donner le nom. Comme ça vous restez fidèle à votre principe.

Le directeur de la banque: Puisque vous insistez, d'accord. L'une d'elles est menacée.

Le chef d'entreprise: C'est donc la S. A. Mackenzie.

Le directeur de la banque: Mais comment avez-vous trouvé?

Le chef d'entreprise: C'est facile. C'est mon client en question et j'ai inventé les autres firmes de la liste.

1. Das besitzanzeigende Fürwort (II)

a) leur

C'est l'affaire du client.		C'est **son** affaire.	Ein Besitzer, ein Besitztum
C'est l'affaire	des clients. des clientes.	C'est **leur** affaire.	Mehrere Besitzer, ein Besitztum
Ce sont les affaires	des clients. des clientes.	Ce sont **leurs** affaires.	Mehrere Besitzer, mehrere Besitztümer.

leur läßt das Geschlecht von Besitzer und Besitztum unberücksichtigt.

b) deutsch „ihr"

Restez fidèle à	**votre**	principe.
Certains de	**vos**	clients.
Elle cherche	**son**	billet.
Elle va à	**sa**	banque.
Elle cherche	**ses**	enfants.
Ils ont confiance en	**leur**	banque.
La banque garde le secret sur	**leurs**	affaires.

2. Wegfall des Teilungsartikels nach de

Il demande **des** renseignements. Il a besoin **de** renseignements.	Er braucht Auskünfte.
Il y a **des** faillites. On parle **de** faillites.	Man spricht von Konkursen.
Aber: On parle **de la** faillite de ton patron.	Man spricht von dem Konkurs deines Chefs.

3. Das Fürwort en (III)

Il donne le nom **de la firme.** Il **en** donne le nom.	Er gibt **ihren** Namen an.
On parle **de faillites.** On **en** parle.	Man spricht **davon.**

En steht für eine Ergänzung mit *de* (meist nur für Sachen).

1.

Je suis pressé. – Je vais manquer mon train.

a. Gisèle est pressée. **b.** Gisèle et Charles sont pressés. **c.** Gisèle et Juliette sont pressées. **d.** Robert est pressé. **e.** Vous êtes pressés. **f.** Nous sommes pressés.

2.

C'est la voiture de Gisèle? – Oui, c'est sa voiture.

a. C'est le chapeau de Juliette? **b.** C'est le porte-monnaie de Gisèle? **c.** C'est l'amie de Madeleine? **d.** C'est la place de Gisèle? **e.** C'est l'argent de Gisèle? **f.** Ce sont les bagages de Juliette? **g.** Ce sont les provisions de Mme Arnaud? **h.** C'est la chambre des enfants? **i.** C'est le chauffeur des Lebrun? **k.** Ce sont les enfants des Dubois? **l.** Ce sont les bagages de Gisèle et de Juliette? **m.** C'est mon chapeau? **n.** C'est notre voiture? **o.** Ce sont nos billets?

3.

Apportez-moi mon chapeau, s'il vous plaît. – Voilà votre chapeau, Monsieur.

a. Apportez-moi mes bagages, s'il vous plaît. **b.** Montrez-moi ma chambre, s'il vous plaît. **c.** Donnez-moi mon chèque, s'il vous plaît. **d.** Apportez-moi mon verre, s'il vous plaît. **e.** Donnez-moi mes billets, s'il vous plaît. **f.** Donnez-moi mon argent, s'il vous plaît.

4.

Où est notre voiture? – Voilà votre voiture.

a. Où est notre train? **b.** Où sont nos billets? **c.** Où est notre chambre? **d.** Où sont nos bagages? **e.** Où est notre argent? **f.** Où sont mes provisions?

5.

Charles est à Paris. – Voilà son adresse...

a. Je suis à Paris. **b.** Madeleine est à Paris. **c.** Nous sommes à Paris. **d.** Les Arnaud sont à Paris. **e.** Gisèle et Juliette sont à Paris **f.** Robert et Madeleine sont à Paris.

6.

Est-ce qu'ils parlent toujours de faillites? – Non, ils n'en parlent plus.

a. Est-ce qu'on parle toujours de faillites? **b.** Est-ce qu'on a toujours besoin de renseignements? **c.** Est-ce qu'elle parle toujours de son ami? **d.** Est-ce qu'ils ont toujours besoin d'argent? **e.** Est-ce que Philippe a toujours besoin d'un chèque? **f.** Est-ce que M. Lebrun a toujours besoin d'une secrétaire? **g.** Est-ce que les enfants parlent toujours des vacances? **h.** Est-ce qu'on parle toujours d'argent?

7.

Elle est comme sa tante. – Comment est-elle, sa tante?

a. Il parle comme son papa. **b.** Il travaille comme son patron. **c.** Il mange comme son oncle. **d.** Elle est comme son amie.

8.

Tu veux de l'argent? – Oui, j'ai besoin d'argent.

a. Tu cherches du travail? **b.** Tu cherches des clients? **c.** Tu cherches des employés? **d.** Tu cherches un bureau? **e.** Tu veux un chèque? **f.** Tu veux un cognac? **g.** Tu cherches une voiture? **h.** Tu cherches une secrétaire?

9.

a. Herr Lebrun bringt seiner Bank eine Liste mit einigen Firmennamen. **b.** Ist eine der Firmen in Gefahr? **c.** Ja, eine (die eine) von ihnen ist bedroht. **d.** Danke, dann ist das die S. A. Mackenzie. **e.** Aber wie haben Sie (das) herausgefunden? **f.** Ich habe die anderen Firmen erfunden.

14 A L'art du porte à porte

Un homme sonne à la porte de Mme Michu. Cet homme est représentant de commerce.

– Bonjour, Madame, j'ai ici quelques petites choses intéressantes. Prenez ce savon. Il a un parfum merveilleux.
– Vous pouvez le garder. Je ne l'aime pas, ce parfum.
– Mais utilisez cette crème de beauté. Votre voisine en a acheté deux pots. Elle la trouve très bonne.
– C'est justement pourquoi je ne l'emploie pas, moi.
– Et regardez ces boucles d'oreille dernier cri. Elles sont très en vogue cet été.
– Je n'en porte pas. Je ne les aime pas. D'ailleurs, je n'achète jamais rien à un représentant.
– C'est formidable. Vous avez donc besoin de cette plaque:

IL EST INTERDIT DE FAIRE DU PORTE À PORTE.

Quatre francs seulement.

– Pas mal, donnez-moi cette plaque.
– Merci bien, Madame. Au revoir, Madame.

1. Hinweisendes Fürwort und verbundenes persönliches Fürwort (I) **14 B**

Prenez **ce** savon. **Cet** homme est représentant.	Vous pouvez **le** garder. Je ne **l'** aime pas.
Utilisez **cette** crème. **Cette** assiette me plaît.	Votre voisine **la** trouve bonne. Je **l'** achète.
Regardez **ces** boucles d'oreille.	Je ne **les** aime pas.
Prenez **ces** oranges.	Je **les** achète.

	Einzahl	Mehrzahl
männlich	**ce** parfum **cet** été	**ces** représentants **ces** hôtels
weiblich	**cette** crème	**ces** choses

cet steht nur vor *männlichen* Hauptwörtern, die mit Selbstlaut oder stummem h beginnen.

männlich	Tu aimes **le** parfum Monteil? Je ne **le** trouve pas bon. Je ne **l'**aime pas.	Tu aimes **les** parfums Monteil? Je **les** trouve bons.
weiblich	Tu aimes **la** crème Monteil? Je **la** trouve bonne. Je vais **l'**utiliser.	Tu aimes **les** crèmes Monteil? Je ne **les** aime pas.

Stellung: a) *vor* dem Zeitwort; (passé composé s. 19 B).
b) In der Fügung Zeitwort + Grundform *vor der Grundform*.

Vgl.: Vous portez **des** boucles d'oreille? Je n'**en** porte pas.
Vous portez **les** boucles d'oreille de Chantal? Je ne **les** porte pas.

2. Formen der Verneinung

Je **n'**en porte **pas**. Je **ne** l'emploie **plus**. Il **n'**achète **jamais** de savon. Il **n'**achète **rien**.	nicht nicht mehr nie nichts	*ne* steht vor *le*, *la*, *les*, *en*.

1.

Est-ce que vous aimez ce parfum? – Non, je ne l'aime pas.

a. Est-ce que vous cherchez le garçon? **b.** Est-ce que vous utilisez ce savon? **c.** Est-ce que vous aimez cette crème? **d.** Est-ce que vous cherchez les billets? **e.** Est-ce que vous invitez les Lebrun? **f.** Est-ce que vous quittez votre amie? **g.** Est-ce que vous aimez cette chambre? **h.** Est-ce que vous mangez ces fruits? **i.** Est-ce que vous achetez cette maison?

2.

Envoyez cette lettre. – Je vais l'envoyer tout de suite.

a. Cherchez les enfants. **b.** Invitez les Lebrun. **c.** Quittez cette maison. **d.** Regardez le compteur. **e.** Apportez les bagages. **f.** Fermez les fenêtres. **g.** Mangez ces huîtres. **h.** Demandez le prix.

3.

Nous aimons les fleurs. – Vous les aimez aussi? Nous avons besoin d'argent. – Vous en avez besoin aussi?

a. Nous aimons le café. **b.** Nous parlons des vacances. **c.** Nous invitons les Lebrun. **d.** Nous utilisons le parfum Chanel. **e.** Nous mangeons des huîtres. **f.** Nous aimons les films policiers. **g.** Nous avons besoin de renseignements. **h.** Nous employons la crème Monteil. **i.** Nous portons des boucles d'oreille.

4.

J'ai besoin d'un savon. – Prenez ce savon.

a. J'ai besoin d'une voiture. **b.** J'ai besoin d'une chaise. **c.** J'ai besoin d'un verre. **d.** J'ai besoin d'une assiette. **e.** J'ai besoin d'un porte-monnaie. **f.** J'ai besoin d'un chapeau. **g.** J'ai besoin d'un pantalon. **h.** J'ai besoin d'une crème de beauté.

5.

C'est une belle maison. – Cette maison est belle.

a. C'est un bon parfum. **b.** C'est une grande banque. **c.** C'est un joli chapeau. **d.** C'est un film intéressant. **e.** C'est un homme merveilleux. **f.** C'est un ami fidèle. **g.** C'est une grande ville. **h.** Ce sont des jolies boutiques. **i.** Ce sont des belles fleurs. **k.** Ce sont des fruits excellents.

6.

Qu'est-ce que vous achetez? – Je n'achète rien.

a. Qu'est-ce que vous cherchez? **b.** Qu'est-ce que vous regardez? **c.** Qu'est-ce qu'il apporte? **d.** Qu'est-ce qu'il fait? **e.** Qu'est-ce que vous avez? **f.** Qu'est-ce qu'il est? **g.** Qu'est-ce que vous mangez? **h.** Qu'est-ce qu'il demande?

7.

Ce sont des belles boucles d'oreille. – Je n'aime pas ces boucles d'oreille.

a. C'est un bon café. **b.** C'est un homme formidable. **c.** C'est un parfum excellent. **d.** C'est un bon savon. **e.** Ce sont des belles fleurs. **f.** C'est une bonne crème de beauté. **g.** Ce sont des spécialités excellentes. **h.** Ce sont des chaises confortables. **i.** C'est un hôtel agréable.

8.

a. Ein Vertreter zeigt Frau Rivet Ohrringe. **b.** Sie sind sehr modern diesen Sommer. **c.** Sie sind der letzte Schrei. **d.** Ich trage keine Ohrringe. **e.** Ich mag sie nicht **f.** Aber der Vertreter hat viele interessante Kleinigkeiten. **g.** Und Frau Rivet gibt viel Geld aus.

15 A Le roi c'est moi

Le roi Baudouin de Belgique fait le tour des Etats-Unis. Les journalistes ne le perdent pas de vue. A Chicago le roi descend à l'Hilton. Un journaliste téléphone à l'hôtel et demande l'attaché de presse belge. Une voix polie répond: – Il n'est pas ici, mais attendez un instant, je vais le chercher. Quelques minutes après le même monsieur dit: – Je regrette, je ne le trouve pas. Attendez encore un peu, je vais demander où il est allé.
Le journaliste: – Bon, j'attends.
Puis le journaliste entend la même voix: – Vous avez attendu pour rien. Il est descendu par l'ascenseur il y a quelques minutes. Est-ce que je peux vous rendre un service?
Le journaliste: – J'ai une seule question. Est-ce que le roi Baudouin va quitter la ville cet après-midi?
– Oui, nous attendons un avion spécial à 16 heures.
– Et qui est à l'appareil?
– Baudouin en personne.

1. Zeitwörter auf -re (Typ *attendre*)

a) Gegenwart

	Befehlsform
Tu attends? – Oui, j'attends. Qu'est-ce que vous attend**ez**? – Nous attend**ons** un avion spécial.	Attends Attendez–Attendons
Le roi descend à l'hôtel. Les journalistes ne le perd**ent** pas de vue.	

b) Grundform: Est-ce que je peux vous *rendre* un service?

c) passé composé

Vous	**avez**	attendu pour rien.
Il	**est**	descendu par l'ascenseur.
Elles	**sont**	descend**ues** par l'ascenseur.

Von den Zeitwörtern auf *-re* bildet nur *descendre* das passé composé mit *être*.

2. Ländernamen

	un(e)	un livre	une voiture
La Belgique	Belge	belge	belge
La France	Français(e)	français	française
L'Angleterre	Anglais(e)	anglais	anglaise
L'Allemagne	Allemand(e)	allemand	allemande
L'Italie	Italien(ne)	italien	italienne
L'Amérique (Les Etats-Unis)	Américain(e)	américain	américaine

Merke:
En France aber: *aux* Etats-Unis.
Elle est Française – elle parle français.
Il est Allemand – il parle allemand.

1.

Nous entendons une voix. –	Nous entendons une voix.
Jean	Jean entend une voix.
un avion	Jean entend un avion.

a. Gisèle ....
b. attendre ....
c. une lettre ....
d. Nous ....
e. de l'argent ....
f. Vous ....
g. rendre ....
h. Gisèle et Charles ....
i. perdre ....
k. les billets ....
l. Mme Arnaud ....
m. des kilos ....

2.

Ils attendent l'autobus. – Pourquoi est-ce que nous n'attendons pas l'autobus?

a. Ils descendent par l'ascenseur. **b.** Ils quittent la ville. **c.** Ils rendent l'argent. **d.** Ils vont à Cannes. **e.** Ils attendent l'avion. **f.** Ils ont de l'argent. **g.** Ils perdent des kilos. **h.** Ils sont contents.

3.

Mes amis n'attendent pas. – Je n'attends pas non plus.

a. Mes amis ne descendent pas. **b.** Mes amis ne vont pas à Paris. **c.** Mes amis ne rendent pas l'argent. **d.** Mes amis n'ont pas d'argent. **e.** Mes amis ne le perdent pas de vue. **f.** Mes amis ne mangent pas au restaurant. **g.** Mes amis ne répondent pas. **h.** Mes amis ne sont pas contents.

4.

Où est l'attaché de presse? – Il est descendu par l'ascenseur.

a. Où est Robert? **b.** Où est Gisèle? **c.** Où sont les enfants? **d.** Où sont Gisèle et Robert? **e.** Où sont les Arnaud? **f.** Où est la secrétaire? **g.** Où sont Madeleine et Juliette? **h.** Où sont les dames?

5.

Je n'aime pas rendre un service. – C'est pourquoi je n'ai jamais rendu un service.

a. Je n'aime pas répondre à ses lettres. **b.** Je n'aime pas rendre de l'argent. **c.** Je n'aime pas attendre. **d.** Je n'aime pas descendre par l'ascenseur. **e.** Nous n'aimons pas rendre un service. **f.** Nous n'aimons pas attendre. **g.** Nous n'aimons pas descendre par l'ascenseur. **h.** Nous n'aimons pas rendre de l'argent.

6.

Est-ce que Jean va chercher le vin? – Il est déjà allé le chercher.

a. Est-ce que les enfants vont chercher les lettres? **b.** Est-ce que Gisèle va chercher les billets? **c.** Est-ce que Robert va chercher le patron? **d.** Est-ce que Gisèle et Madeleine vont chercher les fleurs? **e.** Est-ce que papa va chercher la voiture? **f.** Est-ce que le chauffeur va chercher les bagages? **g.** Est-ce que les employés vont chercher l'argent?

7.

Il est en Belgique. – Il n'est pas Belge. Mais sa femme est Belge.

a. Il est en France. **b.** Il est en Angleterre. **c.** Il est en Italie. **d.** Il est en Allemagne. **e.** Il est en Amérique.

8.
a. König Baudouin von Belgien bereist die Vereinigten Staaten. **b.** In Chikago steigt er im Hilton ab. **c.** Die Journalisten warten mit ihren Kameras vor dem Hotel. **d.** Der König wird gleich herunterkommen. **e.** Man darf ihn nicht aus den Augen verlieren.

16 A Au restaurant

M. et Mme Arnaud et leur fils René vont dîner au restaurant. M. Arnaud ne réussit pas à bien garer sa voiture.

Dans le restaurant:

M. Arnaud: Voilà la carte. Choisissez d'abord, vous deux.

Mme Arnaud: Bien... Qu'est-ce que nous choisissons, René?

René: J'ai soif.

Mme Arnaud: Attends... Comme hors-d'œuvre salade de tomates.

René: Je voudrais un Vittel.

Mme Arnaud: Un instant, René. Plat du jour: rôti de porc aux épinards frais. Escalope de veau milanaise. Côte de mouton grillée avec des pommes de terre.

M. Arnaud: Pourquoi réfléchis-tu toujours si longtemps, Liliane?

Mme Arnaud: Je réfléchis parce que je ne veux pas grossir. Alors, une côte de mouton grillée.

La serveuse: Vous avez choisi?

M. Arnaud: Oui. Comme hors-d'œuvre, salade de tomates et un potage. Puis trois côtes de mouton grillées.

René: Et une glace à la vanille.

M. Arnaud: On va choisir les fromages et les desserts après. Comme boisson du beaujolais et une demi-bouteille d'eau minérale. Ecoute, René, tu parles trop. Ne parle pas tout le temps.

La serveuse apporte les hors-d'œuvre et le potage.

René: Papa!

M. Arnaud: Finis d'abord ton potage. Et mange du pain.

Ils finissent les hors-d'œuvre en silence.

M. Arnaud: Maintenant, qu'est-ce qu'il y a, René?

René: Oh rien, la police a emmené ta voiture à la fourrière.

1. Zeitwörter auf -ir (Typ *finir*)

a) Gegenwart

		Befehlsform
Je réfléch**is.**	Pourquoi réfléch**is**-tu?	Réfléchis
Vous chois**issez.**		Choisissez
	Qu'est-ce que nous chois**issons**?	Choisissons
Il ne réuss**it** pas.	Les autres réuss**issent.**	

b) Grundform: Je ne veux pas gross**ir**.
Zukunft: On va chois**ir** les fromages après.
c) passé composé: Vous avez chois**i**?

2. Die regelmäßigen Zeitwörter – Zusammenfassung

	parler	finir	répondre	Befehlsform
Je	parl*e*	fin*is*	répond*s*	
Tu	*-es*	*-is*	*-s*	Parle. Finis. Réponds.
Il, elle	*-e*	*-it*	répond	
Nous	*-ons*	**-issons**	*-ons*	Parlons. Finissons. Répondons.
Vous	*-ez*	**-issez**	*-ez*	Parlez. Finissez. Répondez.
Ils, elles	*-ent*	**-issent**	*-ent*	
	parlé	fini	répondu	

Zur Beachtung:

a) Nur die Endungen *-ez* und *-ons* werden gesprochen.
b) Stammerweiterung der Zeitwörter vom Typ *finir*: Einzahl *-i-*, Mehrzahl *-iss-*.
c) *Il répond:* Die Endung *t* entfällt nach *d*.
d) *Cherche-t-il*? [ʃɛrʃtil]: t-Einschub bei nachgestelltem *il*, *elle*, *on* in der 3. Person Einzahl der Zeitwörter auf *-er*.
e) Die Befehlsform erhält man durch Weglassen von tu, vous, nous; **aber:** kein *-s* in der 2. Person Einzahl der Zeitwörter auf *-er*: parl*e* donc.

3. Die verneinte Befehlsform

Tu parles trop. *Ne parle pas* tout le temps.
Vous réfléchissez trop. *Ne réfléchissez pas* tout le temps.

1.

Elle mange beaucoup. – Mais elle ne grossit pas.

a. Je mange beaucoup. **b.** Robert mange beaucoup. **c.** Gisèle mange beaucoup. **d.** Tu manges beaucoup. **e.** Juliette et Madeleine mangent beaucoup. **f.** Les enfants mangent beaucoup. **g.** Jean et Robert mangent beaucoup. **h.** Vous mangez beaucoup. **i.** Nous mangeons beaucoup.

2.

Elle réussit. – Pourquoi est-ce que vous ne réussissez pas?

a. Il réfléchit. **b.** Nous choisissons. **c.** Elle mange. **d.** Il attend. **e.** Je finis le travail. **f.** Il grossit. **g.** Il répond. **h.** Je suis content.

3.

Tu ne réussis pas..., parce que tu réfléchis trop.

a. Il ne réussit pas... **b.** Nous ne réussissons pas... **c.** Ils ne réussissent pas... **d.** Je ne réussis pas... **e.** Gisèle ne réussit pas... **f.** Vous ne réussissez pas...

4.

Nous avons réussi. – Nous réussissons toujours.

a. Nous avons fini le travail à 16 heures. **b.** J'ai réussi à garer la voiture. **c.** Nous sommes descendus par l'ascenseur. **d.** Il a choisi une escalope de veau. **e.** J'ai rendu l'argent. **f.** Nous avons réfléchi. **g.** Elle a réfléchi. **h.** Vous avez réussi à entrer.

5.

Il faut finir le travail. – Finissez le travail.

a. Il faut réfléchir. **b.** Il faut attendre. **c.** Il faut entrer. **d.** Il faut choisir les hors-d'œuvre. **e.** Il faut répondre. **f.** Il faut finir le potage. **g.** Il faut descendre. **h.** Il faut aller à la maison.

6.

Ne montrez pas la chambre à Mme Rivet. – Il ne faut pas montrer la chambre à Mme Rivet.

a. Ne réfléchissez pas. **b.** N'attendez pas le patron. **c.** Ne quittez pas cet hôtel. **d.** Ne téléphonez pas aux Dubois. **e.** N'entrez pas dans l'hôtel. **f.** Ne perdez pas l'argent. **g.** Ne demandez pas le prix. **h.** Ne finissez pas la bouteille. **i.** Ne le perdez pas de vue.

7.

Tu parles encore? – Ne parle plus.

a. Tu manges encore? **b.** Vous réfléchissez encore? **c.** Tu attends encore? **d.** Vous travaillez encore? **e.** Tu écoutes encore? **f.** Vous téléphonez encore? **g.** Tu réfléchis encore? **h.** Vous attendez encore?

8.

Téléphonez! – J'ai déjà téléphoné.

a. Choisissez! **b.** Répondez! **c.** Parlez au patron! **d.** Réfléchissez! **e.** Attendez quelques jours! **f.** Commencez! **g.** Finissez!

9.

Juliette attend des amis. – C'est pourquoi elle finit son travail.

a. Robert attend des amis. **b.** Nous attendons des amis. **c.** J'attends des amis. **d.** Gisèle et Madeleine attendent des amis. **e.** Charles et Jean attendent des amis. **f.** La secrétaire attend des amis.

10. Im Restaurant

a. Was wählen wir? **b.** Als Vorspeise Tomatensalat. **c.** Dann Kalbsschnitzel mit Spinat und Kartoffeln. **d.** Und dann Käse. **e.** Als Getränk eine Flasche Beaujolais.

17 A Une double surprise

Mme Lebrun attend son mari. Il rentre un peu tard, mais il lui apporte un bouquet de fleurs. Elle l'embrasse: « Tu es gentil. »

– Y a-t-il du courrier? Mme Lebrun lui donne une lettre.

– Qui a envoyé cette lettre? Il n'y a pas d'expéditeur. Un inconnu leur envoie deux billets de théâtre. Il y a aussi une carte: « Devinez qui vous envoie ces billets. »

– Il y a encore des gens charmants. Mais ça m'étonne, qui peut donc nous envoyer des billets?

– Cela m'est égal. C'est certainement quelqu'un qui te connaît bien. Tu n'as jamais le temps d'aller au théâtre. Ce sont des billets pour la Comédie des Champs-Elysées. On joue *Ornifle* d'Anouilh et ce sont des bonnes places au deuxième rang. Alors, faisons vite.

C'est une belle soirée. Après le théâtre ils vont souper. Ils rentrent à minuit. Mais dans leur appartement tout est sens dessus dessous. Des voleurs ont emporté leurs objets de valeur. Mais ils leur laissent un bout de papier sur la table avec ces mots: « Maintenant vous savez qui c'est? »

1. Das verbundene persönliche Fürwort (II)

a) lui, leur

Qu'est-ce que Mme Lebrun donne à son mari?	Elle **lui** donne une lettre.
Qu'est-ce que M. Lebrun apporte à sa femme?	Il **lui** apporte un bouquet de fleurs.
Qu'est-ce qu'un inconnu envoie à M. et Mme Lebrun?	Il **leur** envoie deux billets de théâtre.

lui und *leur* stehen für männliche *und* weibliche Personen.

b) Unterscheiden Sie:

Dans Des voleurs ont emporté	**leur** **leurs**	appartement. objets de valeur.	in ihrer Wohnung ihre Wertsachen
Mais ils	**leur**	laissent un bout de papier.	ihnen

c) me – te; nous – vous

Ça	**t'**	est égal?	Oui, ça **m'**	est égal.	wem? dir – mir
Ça	**t'**	étonne?	Oui, ça **m'**	étonne.	wen? dich – mich
Ça	**vous**	est égal?	Oui, ça **nous**	est égal.	wem? euch, Ihnen – uns
Ça	**vous**	étonne?	Oui, ça **nous**	étonne.	wen? euch, Sie – uns

In der 1. und 2. Person besteht kein Unterschied zwischen Wem- und Wenfall.

2. Die Ordnungszahlen

1er	le premier rang [prəmje]; au premier étage [oprəmjɛretaːʒ]
1ère	la première place [prəmjɛːr]
2^{e}	le, la deuxième, le second [s(ə)gõ], la seconde [s(ə)gõːd]
3^{e}	le, la troisième
4^{e}	le, la quatrième (vgl. quat*re*)
5^{e}	le, la cinquième (vgl. cin*q*)
9^{e}	le, la neuvième (vgl. neu*f*)
21^{e}	le, la vingt et unième [vɛ̃teynjɛm]

1.

Il lui apporte des fleurs. – Et il l'embrasse.

a. Il m'apporte des fleurs. **b.** Il leur apporte des fleurs. **c.** Il t'apporte des fleurs. **d.** Il vous apporte des fleurs. **e.** Il nous apporte des fleurs.

2.

Est-ce que ça t'étonne? – Non, ça ne m'étonne pas.
Est-ce que ça vous étonne? – Non, ça ne nous étonne pas.

a. Est-ce qu'il t'invite? **b.** Est-ce qu'il vous aime? **c.** Est-ce qu'il te connaît? **d.** Est-ce qu'il vous cherche? **e.** Est-ce qu'il t'attend? **f.** Est-ce qu'il vous attend? **g.** Est-ce qu'il te quitte? **h.** Est-ce qu'il vous regarde?

3.

Il envoie des billets à Robert. – Est-ce qu'il le connaît?

a. Il nous envoie des billets. **b.** Il t'envoie des billets. **c.** Il vous envoie des billets. **d.** Il leur envoie des billets. **e.** Il envoie des billets à Gisèle. **f.** Il m'envoie des billets.

4.

Robert ne réussit pas. – Mais cela lui est égal.

a. Je ne réussis pas. **b.** Gisèle ne réussit pas. **c.** Ils ne réussissent pas. **d.** Elles ne réussissent pas. **e.** Nous ne réussissons pas. **f.** Les Dubois ne réussissent pas. **g.** Vous ne réussissez pas. **h.** Tu ne réussis pas.

5.

Il vous quitte. – Mais il vous laisse de l'argent.

a. Elle me quitte. **b.** Il la quitte. **c.** Il nous quitte. **d.** Elle le quitte. **e.** Il te quitte. **f.** Il les quitte.

6.

Tu n'as pas le téléphone. – Je vais t'envoyer une lettre.

a. Gisèle n'a pas le téléphone. **b.** Robert n'a pas le téléphone. **c.** Vous n'avez pas le téléphone. **d.** Gisèle et Juliette n'ont pas le téléphone. **e.** Les Rivet n'ont pas le téléphone. **f.** Robert et Jean n'ont pas le téléphone.

7.

Où est le numéro 110? – C'est au premier étage. Où est le numéro 210? – C'est au deuxième étage.

a. Où est le numéro 317? **b.** Où est le numéro 108? **c.** Où est le numéro 518? **d.** Où est le numéro 402? **e.** Où est le numéro 703? **f.** Où est le numéro 601? **g.** Où est le numéro 804?

8.

Il a mon adresse. – Il peut m'envoyer une lettre.

a. Il a notre adresse. **b.** J'ai son adresse. **c.** Il a votre adresse. **d.** Il a ton adresse. **e.** Il a leur adresse. **f.** Il a leurs adresses.

9.

Il envoie quelque chose à Robert. – Qu'est-ce qu'il lui envoie?

a. Je donne quelque chose à Gisèle. **b.** Il apporte quelque chose aux Arnaud. **c.** Il montre quelque chose à Jean. **d.** Je demande quelque chose aux Rivet. **e.** Il demande quelque chose à Juliette. **f.** J'envoie quelque chose à mes amis.

10.

a. Ein Unbekannter schickt Herrn und Frau Lebrun einen Brief. **b.** Er schickt ihnen Theaterkarten. **c.** Es ist ein schöner Abend. **d.** Sie haben gute Plätze in der vierten Reihe. **e.** Sie kommen um Mitternacht nach Hause. **f.** In ihrer Wohnung ist alles drunter und drüber.

18 A Autoroute en Corse

Des paysans corses regardent des ingénieurs français qui font des mesures de niveau dans la campagne. Ils ne comprennent pas ce que font les géomètres. Les instruments qu'ils utilisent leur semblent étranges. Mais les paysans ne disent rien.
Le soir, à l'auberge, un paysan va voir un ingénieur et dit:

Qu'est-ce que vous avez fait aujourd'hui avec vos instruments? – du cinéma?

L'ingénieur: On a fait des mesures.
Le paysan: Eh bien, dites-moi donc, pourquoi est-ce que vous avez fait des mesures?
L'ingénieur: Parce que nous allons faire une route.
Le paysan: Quoi?
L'ingénieur: J'ai dit que nous allons faire une route.
Le paysan: Ah, j'ai compris, c'est donc comme ça que vous faites une route. Nous, nous ne faisons pas comme ça.
L'ingénieur: Ah bon, comment est-ce que vous faites alors?
Le paysan: Nous prenons un âne.
L'ingénieur: Et qu'est-ce que vous en faites?
Le paysan: On fait marcher l'âne dans la montagne et là où il passe on fait passer la route.
L'ingénieur: Et dis donc, mon brave, qu'est-ce que tu fais quand tu n'as pas d'âne?
Le paysan: Quand on n'a pas d'âne? – On prend des ingénieurs français.

1. Das bezügliche Fürwort (I)

Wer?	Ce sont des ingénieurs	**qui**	font une route.	Ingenieure, die...
Was?	C'est une route	**qui**	passe par la montagne.	eine Straße, die...
Wen?	Ce sont des ingénieurs	**que**	nous regardons.	Ingenieure, die...
Was?	C'est la route	**qu'**	ils regardent.	die Straße, die...
Was?	Qu'est-ce	**qu'**	ils regardent?	„Was ist es, das...?"
Ils ne comprennent pas ce		**que**	font les géomètres.	...(das), was die Vermesser tun.

Hervorhebung: c'est . . . qui; c'est . . . que.

2. faire, dire

Je **fais** Tu **fais** Il **fait**	ce que je **dis**. ce que tu **dis**. ce qu'il **dit**.	Fais ce que tu dis.
Nous **faisons** [fəzõ] Vous **faites** Ils **font**	ce que nous **disons**. ce que vous **dites**. ce qu'ils **disent**.	Faisons ce que nous disons. Faites ce que vous dites.
On va **faire** ce qu'on a **dit**. On va **dire** ce qu'on a **fait**.		

3. prendre, comprendre

Je	ne	comprend**s**	pas pourquoi tu ne	pren**ds**	pas l'avion.
Nous	ne	compre**nons**	pas pourquoi vous ne	pre**nez**	pas le train.
Il	ne	pren**d**	pas ce que	pre**nnent**	les autres.
Elle n'a pas **compris**. Elle va **prendre** des leçons.					

1.

Il parle beaucoup. – Mais il ne fait pas ce qu'il dit.

a. Tu parles beaucoup. **b.** Vous parlez beaucoup. **c.** Elle parle beaucoup. **d.** Les Arnaud parlent beaucoup. **e.** Je parle beaucoup. **f.** Nous parlons beaucoup.

2.

Qu'est-ce que vous dites? – Je ne comprends pas ce que vous dites. Qu'est-ce que vous faites? – Je ne comprends pas ce que vous faites.

a. Qu'est-ce qu'elle dit? **b.** Qu'est-ce qu'elle fait? **c.** Qu'est-ce qu'ils disent? **d.** Qu'est-ce qu'ils font? **e.** Qu'est-ce que tu dis? **f.** Qu'est-ce que tu fais?

3.

Il écoute. – Mais il ne comprend pas.

a. Juliette écoute. **b.** Tu écoutes. **c.** Nous écoutons. **d.** Vous écoutez. **e.** J'écoute. **f.** Les enfants écoutent.

4.

Je ne l'entends pas. – Est-ce que vous l'entendez?

a. Je ne le comprends pas. **b.** Je ne réussis pas. **c.** Je ne dis pas ça sans réfléchir. **d.** Je ne descends pas. **e.** Je ne vais pas bien. **f.** Je ne fais pas comme ça. **g.** Je n'en prends pas. **h.** Je n'en ai pas.

5.

Qu'est-ce que vous cherchez? – Je ne cherche rien.

a. Qu'est-ce que vous attendez? **b.** Qu'est-ce que vous faites? **c.** Qu'est-ce que vous choisissez? **d.** Qu'est-ce que vous dites? **e.** Qu'est-ce que vous entendez? **f.** Qu'est-ce que vous prenez? **g.** Qu'est-ce que vous mangez?

6.

J'ai toujours eu des bonnes places. – Mais la place que j'ai maintenant n'est pas bonne.

a. J'ai toujours eu des grandes voitures. **b.** J'ai toujours mangé des bons biftecks. **c.** J'ai toujours passé des vacances agréables. **d.** Elle a toujours envoyé des lettres gentilles. **e.** Il a toujours eu des amis fidèles. **f.** Elle a toujours utilisé un bon parfum. **g.** Ils ont toujours eu un grand appartement.

7.

Il trouve tout. – Qu'est-ce qu'il a trouvé?

a. Il dit tout. **b.** Il perd tout. **c.** Il prend tout. **d.** Il fait tout. **e.** Il demande tout. **f.** Il comprend tout. **g.** Il finit tout. **h.** Il entend tout.

8.

Qui m'attend? – Voilà quelqu'un qui t'attend.

a. Qui me cherche? **b.** Qui m'aime? **c.** Qui me comprend? **d.** Qui m'écoute? **e.** Qui me connaît? **f.** Qui me demande? **g.** Qui me répond?

9.

a. Korsische Bauern schauen französischen Geometern zu. **b.** Sie begreifen nicht, was die Geometer machen, aber sie sagen nichts. **c.** Am Abend im Gasthof fragt ein Bauer einen Ingenieur: „Was habt ihr heute mit euren Instrumenten gemacht?"

19 A Ce que toute femme doit savoir

Le juge: M. Dupont, vous avez mis des annonces dans les journaux?

M. Dupont: Oui, j'ai fait de la réclame pour mon livre.

Le juge: Mais vous avez fait de la réclame malhonnête. Vous avez essayé de tromper vos clientes.

M. Dupont: Je ne comprends pas. Voilà l'annonce:

> Dans ce livre la jeune fille apprend
> les secrets d'un mariage heureux.
> Toute discrétion assurée.

Le juge: Pourquoi une telle discrétion?

M. Dupont: Pourquoi pas?

Le juge: Vos clientes disent que vous les avez trompées.

M. Dupont: Je ne les ai pas trompées. Je leur ai envoyé les livres. C'est leur faute si elles n'ont rien appris.

Le juge: Et vous en avez vendu pas mal d'exemplaires.

M. Dupont: A peu près dix mille.

Le juge: Et vingt-huit francs le livre. Elles ont toutes payé cette somme considérable.

M. Dupont: Elles l'ont même payée d'avance. Et elles ont bien fait parce que c'est un livre de cuisine qui fait un mariage heureux.

Le juge l'a déclaré non coupable.

1. Das verbundene persönliche Fürwort im passé composé (III)

tromper – täuschen, betrügen

Wen?	Vous avez trompé	vos clientes.		
	Je ne	**les**	ai pas tromp**ées**.	
Wem?	Je	leur	ai envoyé	les livres.
Wen?	Il	**nous**	a tromp**ées**.	
Wem?	Il	nous	a envoyé	des livres de cuisine.
	Elles ont payé	**la** somme.		
Was?	Elles	**l'**	ont pay**ée**	d'avance.
	Il a déclaré	M. Dupont		non coupable.
Wen?	Il	l'	a déclaré	non coupable.

Im passé composé steht das verbundene persönliche Fürwort in der Regel *vor* dem Hilfsverb.

Das Mittelwort der Vergangenheit richtet sich nach der vorausgehenden *Wen*fallergänzung.

Die Veränderung ist nur in wenigen weiblichen Formen hörbar:
fait [fɛ] – faite [fɛt] ; dit [di] – dite [dit] ; pris [pri] – prise [priz] ; mis [mi] – mise [miz].

2. mettre

Est-ce que tu as **mis** la table?	
Je l'ai déjà **mise** [miz].	
Je mets toujours la table.	Nous met**tons** du lait dans le thé.
Tu ne la met**s** jamais.	Vous en met**tez** aussi?
Il ne met pas de chapeau.	Ses amis en met**tent**.

1.

Est-ce que tu as trouvé les clés? – Non, je ne les ai pas trouvées.

a. Est-ce que vous avez trompé vos clientes? **b.** Est-ce que vous avez payé les livres? **c.** Est-ce que vous avez vendu la maison? **d.** Est-ce que vous avez pris la voiture? **e.** Est-ce que vous avez acheté les billets? **f.** Est-ce que vous avez mangé les oranges? **g.** Est-ce que vous avez perdu votre porte-monnaie? **h.** Est-ce que vous avez trouvé la banque? **i.** Est-ce que vous avez attendu vos amis? **k.** Est-ce que vous avez invité les Arnaud?

2.

Il m'a envoyé une lettre. Qu'est-ce qu'elle dit? – Elle dit qu'il lui a envoyé une lettre.

a. Il m'a donné des fleurs. Qu'est-ce qu'elle dit? **b.** Il m'a trompée. Qu'est-ce qu'elle dit? **c.** Il m'a montré sa maison. Qu'est-ce qu'elle dit? **d.** Il m'a comprise. Qu'est-ce qu'elle dit? **e.** Il m'a apporté mes bagages. Qu'est-ce qu'elle dit? **f.** Il m'a attendue. Qu'est-ce qu'elle dit? **g.** Il m'a répondu. Qu'est-ce qu'elle dit? **h.** Il m'a entendue. Qu'est-ce qu'elle dit?

3.

Elle a mis des fleurs sur la table. – Elle met toujours des fleurs sur la table.

a. Il a mis des annonces dans le journal. **b.** Nous avons mis la clé sous la porte. **c.** Vous avez mis des annonces dans le journal. **d.** Elle a mis un chapeau. **e.** Tu as mis ta voiture au garage. **f.** J'ai mis des fleurs sur la table. **g.** Ils ont mis la voiture au garage. **h.** Nous avons mis nos amis dans une bonne chambre. **i.** Il a mis un veston. **k.** Tu as mis l'argent dans ta poche.

4.

Est-ce que vous avez pris du pain? – Oui, j'en ai pris. Est-ce que vous avez pris la lettre? – Oui, je l'ai prise.

a. Est-ce que vous avez mangé des huîtres? **b.** Est-ce que vous avez mangé le potage? **c.** Est-ce que vous avez fait du ski? **d.** Est-ce que vous avez fait la chambre? **e.** Est-ce que vous avez perdu les clés? **f.** Est-ce que vous avez perdu de l'argent? **g.** Est-ce que vous avez acheté des fleurs? **h.** Est-ce que vous avez acheté la maison?

5.

Il ne travaille pas. – Il n'a jamais essayé de travailler.

a. Il ne comprend pas. **b.** Il ne réussit pas. **c.** Il ne rentre pas. **d.** Elle ne perd pas de kilos. **e.** Elle ne téléphone pas. **f.** Il ne réfléchit pas. **g.** Il ne rend pas l'argent. **h.** Il n'est pas fidèle.

6.

Est-ce qu'il a fini son travail? – Non, mais il a essayé de le finir.

a. Est-ce qu'il a trompé ses clientes? **b.** Est-ce qu'il a vendu les livres? **c.** Est-ce qu'il a rendu les billets? **d.** Est-ce qu'il a garé la voiture? **e.** Est-ce qu'il a quitté le bureau? **f.** Est-ce qu'il a trouvé le patron? **g.** Est-ce qu'elle a gardé le secret? **h.** Est-ce qu'elle a donné l'alarme?

7.

Nous sommes allés à la maison, – . . . parce qu'il nous a envoyés à la maison.

a. Je suis allé(e) à la maison. **b.** Elle est allée à la maison. **c.** Il est allé à la maison. **d.** Tu es allé(e) à la maison. **e.** Vous êtes allé(e)s à la maison. **f.** Ils sont allés à la maison. **g.** Elles sont allées à la maison.

8.

a. Herr Dupont hat viele Bücher verkauft. **b.** Er hat eine gute Reklame gemacht. **c.** Seine Kundinnen haben sogar im voraus bezahlt. **d.** Wer sagt, daß er sie betrogen hat?

1. Sprechen Sie

a. 61, 32, 28, 41, 55, 81, 75, 94, 91;
b. 71, 51, 101, 104, 112, 98, 128;
c. 1969, 1970, 1913, 1984, 1972, 1878, 1634;

2.

Est-ce qu'il a déjà mangé son potage? – Non, mais il va le manger tout de suite.

a. Est-ce qu'elle a déjà fait la chambre?
b. Est-ce que tu as déjà fini le travail?
c. Est-ce qu'il a déjà mis son chapeau?
d. Est-ce que tu as déjà mangé des huîtres?
e. Est-ce que tu as déjà pris de la salade?
f. Est-ce qu'ils ont déjà rendu l'argent?
g. Est-ce qu'il a déjà parlé de ses vacances?
h. Est-ce que tu as déjà pris du lait?
i. Est-ce qu'ils ont déjà apporté les bagages?

3.

Il ne faut pas montrer la maison à Robert. – Ne montrez pas la maison à Robert.

a. Il ne faut pas manger trop.
b. Il ne faut pas le perdre de vue.
c. Il ne faut pas finir la bouteille.
d. Il ne faut pas réfléchir.
e. Il ne faut pas attendre.
f. Il ne faut pas mettre le chapeau.
g. Il ne faut pas faire du ski.
h. Il ne faut pas dire ça.
i. Il ne faut pas prendre la voiture.
k. Il ne faut pas rendre le livre.

4.

Est-ce que c'est la voiture de Gisèle? – Oui, c'est sa voiture.

a. Est-ce que c'est la voiture de Robert?
b. Est-ce que c'est le chapeau de M. Dubois?
c. Est-ce que c'est la maison des Lebrun?
d. Est-ce que ce sont les chambres des enfants?
e. Est-ce que ce sont les bagages de M. Dubois?
f. Est-ce que ce sont les livres de Gisèle?
g. Est-ce que ce sont les provisions de Gisèle et de Juliette?
h. Est-ce que c'est votre chapeau, Monsieur?
i. Est-ce que ce sont vos bagages, Mademoiselle?
k. Est-ce que c'est votre porte-monnaie, Mademoiselle?
l. Est-ce que c'est votre voiture, Messieurs?
m. Est-ce que ce sont vos bagages, Messieurs?

5.

C'est un beau chapeau. – Je ne l'aime pas, ce chapeau.

a. C'est une belle maison.
b. Ce sont des belles fleurs.
c. C'est un homme charmant.
d. C'est un bon hôtel.
e. Ce sont des hommes formidables.
f. C'est une belle plaque.
g. C'est un joli théâtre.

6. Qu'est-ce qu'il (elle) dit?

a. Robert m'a apporté des fleurs. Elle dit que...
b. Robert ne m'aime pas. Elle dit que...
c. Gisèle m'a envoyé une lettre. Il dit que...
d. Mes amis ne m'invitent plus. Il dit que...
e. Jean nous a apporté nos bagages. Ils disent que...
f. Nos amis ne nous attendent pas. Ils disent que...

7.

Est-ce qu'il va regarder le film? – Il l'a déjà regardé.

a. Est-ce qu'il va vendre sa voiture?
b. Est-ce qu'il va finir son travail?
c. Est-ce qu'elle va descendre?
d. Est-ce qu'elle va prendre les billets?
e. Est-ce qu'ils vont faire la chambre?
f. Est-ce qu'ils vont réussir?
g. Est-ce qu'elle va répondre?
h. Est-ce qu'ils vont rendre l'argent?
i. Est-ce qu'elle va réfléchir?

8.

Il n'a pas mangé de soupe. – Il n'en mange jamais.

a. Ils n'ont pas fait de réclame.
b. Vous n'avez pas fait de réclame.
c. Nous n'avons pas pris de cognac.
d. Ils n'ont pas pris de cognac.
e. Ils n'ont pas répondu.
f. Je ne suis pas descendu par l'ascenseur.
g. Nous n'avons pas réussi.
h. Ils n'ont pas réfléchi.
i. Nous n'avons pas attendu.
k. Ils n'ont pas compris.
l. Elle n'a pas compris.
m. Tu n'as pas attendu.
n. Je n'ai pas mis de chapeau.

9. Répondez

a. Qu'est-ce qu'on parle en France?
b. Qu'est-ce qu'on parle en Italie?
c. Qu'est-ce qu'on parle en Angleterre?
d. Qu'est-ce qu'on parle en Allemagne?
e. Qu'est-ce qu'on parle en Amérique?

10.

a. Demandez à Mme Dupont comment elle va.
b. Demandez à Jean s'il met son chapeau.
c. Demandez à Robert pourquoi il ne fait pas de ski.
d. Demandez à l'ingénieur ce qu'il fait.
e. Demandez à Gisèle quand elle va rendre l'argent.
f. Demandez à M. Dubois où il a garé sa voiture.
g. Demandez à Liliane pourquoi elle réfléchit toujours.
h. Demandez aux enfants ce qu'ils ont dit.
i. Demandez à M. Rivet pourquoi il ne prend pas de cognac.

11.

Philippe ne travaille pas. – Ses amis ne travaillent pas non plus.

a. Philippe ne réussit pas.
b. Philippe n'a pas le temps.
c. Philippe ne descend pas.
d. Philippe n'apprend pas l'anglais.
e. Philippe ne le dit pas.
f. Philippe ne rentre pas.
g. Philippe ne prend pas le train.
h. Philippe ne met pas de gilet.
i. Philippe ne fait pas de ski.

12. Gisela am Bahnhof

a. Sie hat es eilig wie üblich.
b. Wo ist der Zug nach Marseille, bitte?
c. Bahnsteig 4, Gleis 6.
d. Vielen Dank. Aber wo ist meine Fahrkarte?
e. Mein Gott, ich habe sie verloren. Ich finde sie nicht.
f. Ich habe keine Zeit, um eine andere Fahrkarte zu kaufen.
g. Warten Sie noch ein wenig.
h. Ah, sie ist hier in meinem Portemonnaie.

Une semaine à Paris

Georges: Raconte-moi un peu ce que vous avez fait à Paris. Quand est-ce que vous y êtes arrivés?

Robert: Dimanche matin en wagon-lit. Le matin nous avons visité Notre-Dame et l'après-midi nous sommes allés au musée du Louvre. L'entrée est gratuite le dimanche. Lundi ma femme a regardé les beaux magasins dans la rue Tronchet et dans la rue du Faubourg-Saint-Honoré près de la Madeleine et dans le passage du Lido sur les Champs-Elysées. Mardi elle a enfin trouvé une robe pas trop chère dans la rue de Sèvres au Quartier Latin. Comme ça j'ai traversé Paris à pied. Que faire d'autre?

Georges: Cela ne m'intéresse pas tellement, les boutiques et les magasins.

Robert: Qu'est-ce qui t'intéresse alors? Le Marché aux Puces peut-être? On y est allé mercredi.

Georges: On n'y vend que des choses inutiles.

Robert: Qui est-ce qui t'a dit cela? J'en ai rapporté une tabatière.

Georges: En matière plastique ou en quoi?

Robert: Qu'est-ce que tu crois? En argent bien sûr. Jeudi et vendredi on a visité l'Hôtel des Invalides, le Sacré-Cœur et la Sainte-Chapelle. Et samedi soir nous sommes allés voir la colonie allemande de Paris.

Georges: Où est-elle, cette colonie allemande?

Robert: Ce sont les dix premiers rangs aux Folies-Bergère.

1. Die Frage (II)

a) wer? – wen?

1. Fall: **Qui est-ce qui** t'a dit cela?	**Qui** t'a dit cela?	wer?
4. Fall: **Qui est-ce que** Robert attend?	**Qui** attend-il?	wen?

b) was?

1. Fall: **Qu'est-ce qui** t'intéresse alors?	– – – – – – – – –	was?
4. Fall: **Qu'est-ce que** Robert rapporte? **Qu'est-ce qu**'il dit?	**Que** fait Robert? **Que** dit-il?	was?

c) Stellung:

Bilden Sie die Frage immer mit *est-ce que*?, wenn der Satzgegenstand ein *Hauptwort* ist, z. B.:
Pourquoi est-ce que les vendeuses ne donnent pas l'alarme?
Ausnahme:

Que Comment Où	fait va est	Robert? Gisèle? la tour Eiffel?
Fragewort	kurzes Zeitwort	Satzgegenstand ist ein Hauptwort

Das kurze Zeitwort ist gegenüber dem Hauptwort des Satzgegenstandes tonschwach.
Die Umstellung bringt den Satzgegenstand an das betonte Satzende.

2. y und en als Ortsbestimmung

Quand est-ce que tu es allé **au marché**? Qu'est-ce que tu as rapporté **du marché**?	J'**y** suis allé mercredi. J'**en** ai rapporté une tabatière.

3. aller voir und visiter

Nous sommes allés voir notre oncle. Nous sommes allés voir le Marché aux Puces. (besucht)	Nous avons visité le musée. (besichtigt)

1.

Qu'est-ce que tu as fait dimanche? Dimanche je suis allé au cinéma. – Et où est-ce que tu es allé lundi?

a. Lundi j'ai fait une excursion. **b.** Mardi j'ai visité le musée du Louvre. **c.** Mercredi j'ai visité la Sainte-Chapelle. **d.** Jeudi je suis allé au théâtre. **e.** Vendredi je suis allé voir le Marché aux Puces. **f.** Samedi je suis resté à la maison.

2.

Ça ne va pas. – Qu'est-ce qui ne va pas?

a. Ça m'étonne. **b.** Ça m'intéresse. **c.** Ça m'est égal. **d.** Ça va bien. **e.** Ça trompe. **f.** Ça ne marche pas. **g.** Ça me semble étrange. **h.** C'est magnifique.

3.

Je vais aux Folies-Bergère. – Je n'y suis jamais allé.

a. Nous allons aux Folies-Bergère. **b.** Jean va au Marché aux Puces. **c.** Je vais à Caen. **d.** Gisèle va à Cannes. **e.** Robert et Philippe vont au Marché aux Puces. **f.** Vous allez à Caen. **g.** Tu vas à Cannes.

4.

J'ai été à Cannes. – J'y ai déjà été deux fois.

a. Il a été à Cannes. **b.** Nous avons été à Cannes. **c.** Elle a été à Cannes. **d.** Tu as été à Cannes. **e.** Vous avez été à Cannes. **f.** Les Arnaud ont été à Cannes.

5.

Il est toujours allé à Caen. – Mais il n'y va plus.

a. Je suis toujours allé aux Folies-Bergère. **b.** Gisèle est toujours allée au cinéma. **c.** Nous sommes toujours allés à Chicago. **d.** Les Arnaud sont toujours allés au musée. **e.** Vous êtes toujours allé(s) à Cannes. **f.** Tu es toujours allé au café.

6.

Jean a quitté la maison. – Il va voir ses amis.

a. J'ai quitté la maison. **b.** Gisèle a quitté la maison. **c.** Nous avons quitté la maison. **d.** Les Arnaud ont quitté la maison. **e.** Vous avez quitté la maison. **f.** Tu as quitté la maison.

7.

Il a visité le musée du Louvre. – Puis il est allé voir son oncle.

a. Tu as visité le musée du Louvre. **b.** Nous avons visité le musée du Louvre. **c.** Ils ont visité le musée du Louvre. **d.** Elle a visité le musée du Louvre. **e.** Vous avez visité le musée du Louvre. **f.** J'ai visité le musée du Louvre.

8.

On t'a regardé. – Qui est-ce qui m'a regardé?

a. On t'a envoyé des fleurs. **b.** On t'a rendu un livre. **c.** On t'a téléphoné. **d.** On t'a appelé. **e.** On les a demandés. **f.** On vous a cherchés. **g.** On vous a compris. **h.** On les a invités. **i.** On est allé les voir. **k.** On est allé les chercher.

9.

Je suis arrivé à Paris. – Quand est-ce que vous y êtes arrivé?

a. Il est arrivé à la gare. **b.** Nous sommes arrivés à Paris. **c.** Il est allé aux Etats-Unis. **d.** Je suis allé à Cannes. **e.** Elle a travaillé dans une bijouterie. **f.** Ils sont descendus à l'Hilton.

10.

a. Was macht ihr am Sonntag nachmittag? **b.** Ich mache einen Ausflug. **c.** Meine Frau besucht ihre Freundin. **d.** Die Kinder gehen ins Kino. **e.** Wann gehst du zum Flohmarkt? **f.** Ich gehe am Mittwoch hin. **g.** Das interessiert mich.

22 A Nécessité est mère du génie

La jeune femme réveille son mari:
– Ecoute, chéri, il y a quelqu'un dans l'appartement.
– Laisse-moi tranquille, je dors, ce n'est rien.
– Tu n'entends pas? C'est un voleur. Tu dors et moi, je suis presque morte de peur.
M. Vernier saute du lit. Il ouvre la porte qui donne sur le couloir. Sa femme le retient. Un homme est dans le couloir.
– Haut les mains!
L'homme ne bouge pas. Mme Vernier est allée chercher le revolver dans le tiroir. Elle vient à l'aide de son mari et tient le voleur en respect. M. Vernier met vite son pantalon, sa chemise, ses chaussettes et ses chaussures. Il prend le revolver et dit:
– En avant, au poste!
Les deux hommes partent. Mme Vernier ferme la porte à clé...
– Tu es venu à temps et ça a bien marché. Partons vite.
Ils vont au café. Margot, la patronne, leur sert un double cognac.
– Ça va nous remonter. Depuis mon mariage je ne suis jamais sorti seul. Les femmes nous tiennent tellement en laisse.

1. venir – tenir

Je ne si tu me	**viens** **retiens.**	plus	Si vous nous	**venez** **retenons**	à temps, une place.
Il ne On les	**vient** **retient.**	pas.	Ses amis le Ils ne	**retiennent.** **viennent**	 pas.
Il va	**venir.**		Il a toujours	**tenu**	sa parole.

2. Verben auf -ir ohne Stammerweiterung

Je et tu	**sors** **dors**	 encore.	Nous et vous	**sortons** **dormez**	 encore.
Elle	**part**	et ses enfants		**dorment**	encore.
Il va	**sortir,**	mais elle n'est pas encore		**partie.**	

3. ouvrir

J' Nous	**ouvre** **ouvrons**	la fenêtre la fenêtre	si tu n' si vous n'	**ouvres** **ouvrez**	pas la porte. pas la porte.
M. Dubois	**ouvre**	son magasin. Est-ce que les magasins		 **ouvrent**	 déjà?
La porte est **ouverte** [uvɛrt].		Qui a **ouvert** [uvɛːr] la fenêtre?			

Befehlsform

Viens. Venez à temps. Retenons une place.	
Sors. Dormez. Sortons.	Ouvre. Ouvrez. Ouvrons.

4. Passé composé mit être (vgl. 9 B)

Elle est venue	mais elle n'est pas restée.
entrée	sortie.
partie	rentrée (retournée).
montée	tombée.
arrivée	descendue.

22 C

1.

Je réfléchis. – Je ne dors pas.

a. Jean réfléchit. **b.** Nous réfléchissons. **c.** Gisèle réfléchit. **d.** Tu réfléchis. **e.** Vous réfléchissez. **f.** Ils réfléchissent.

2.

Gisèle est sortie seule. – Elle sort toujours seule.

a. Jean est sorti seul. **b.** Vous êtes sorti(s) seul(s). **c.** Ils sont sortis seuls. **d.** Nous sommes sortis seuls. **e.** Je suis sorti seul. **f.** Tu es sorti seul.

3.

Elle n'est pas partie. – Elle ne part pas.

a. Tu n'es pas parti. **b.** Vous n'êtes pas parti(s). **c.** Il n'est pas parti. **d.** Ils ne sont pas partis. **e.** Nous ne sommes pas partis. **f.** Je ne suis pas parti.

4.

Robert sort toujours. – Pourquoi est-ce que vous ne sortez pas?

a. Robert part toujours en vacances. **b.** Robert vient toujours à temps. **c.** Robert me sert toujours un cognac. **d.** Robert dort toujours. **e.** Robert ouvre toujours la porte. **f.** Robert me retient toujours.

5.

Il est à la maison. – Mais il n'ouvre pas.

a. Elle est à la maison. **b.** Nous sommes à la maison. **c.** Tu es à la maison. **d.** Vous êtes à la maison. **e.** Je suis à la maison. **f.** Ils sont à la maison.

6.

Est-ce qu'elle va descendre? – Elle est déjà descendue.

a. Est-ce qu'elle va partir? **b.** Est-ce qu'elle va sortir? **c.** Est-ce qu'ils vont venir? **d.** Est-ce qu'elle va aller au théâtre? **e.** Est-ce qu'elle va rentrer? **f.** Est-ce qu'ils vont entrer? **g.** Est-ce qu'ils vont arriver? **h.** Est-ce qu'elles vont sortir?

7.

La fenêtre est ouverte. – Qui a ouvert la fenêtre?

a. Les portes sont ouvertes. **b.** La lettre est ouverte. **c.** Le dossier est ouvert. **d.** Les paquets sont ouverts. **e.** Le porte-monnaie est ouvert. **f.** La vitrine est ouverte.

8. *(nur schriftlich)*

On l'a retenu. – C'est pourquoi il ne vient pas.

a. On l'a retenue. **b.** On les a retenus. **c.** On nous a retenus. **d.** On m'a retenu. **e.** On les a retenues.

9.

Il faut descendre. – Descendons.

a. Il faut rester. **b.** Il faut sortir. **c.** Il faut manger. **d.** Il faut commencer. **e.** Il faut partir. **f.** Il faut rentrer. **g.** Il faut finir. **h.** Il faut réfléchir.

10.

a. Hörst du nicht? Es ist jemand in unserer Wohnung. **b.** Ich sterbe beinahe vor Angst. **c.** Das ist ein Dieb. **d.** Nimm den Revolver. **e.** Schnell, mach die Türe auf. **f.** Laß mich in Ruhe. Das ist nichts. Ich will schlafen. **g.** Herr Vernier öffnet die Tür. Seine Frau hält ihn zurück. **h.** Frau Vernier kommt ihrem Mann zu Hilfe und hält den Dieb in Schach.

23 A **Loin de la famille**

Après sept ans de mariage, M. Vernier part seul en vacances. Il lui faut du repos. C'est pourquoi il s'installe dans un petit hôtel à la campagne. D'abord c'est formidable: Il se couche tôt. Il se lève tard. Il se lave et s'habille sans se dépêcher. Chaque après-midi il se promène et s'arrête où il veut. Mais à la longue il commence à s'ennuyer.

Un matin il dit à la serveuse:

– Faites-moi plaisir et servez les œufs trop cuits et le café froid.

La serveuse appelle la patronne. La patronne s'approche de sa table:

– Vous vous sentez mal, Monsieur Vernier?

– Je me sens bien, mais je m'ennuie.

– Vous vous ennuyez? Les autres clients s'amusent bien. Ils se promènent...

– Je me promène toujours.

– Ils jouent aux cartes...

– Je ne jette pas l'argent par les fenêtres.

– Vous êtes un cas difficile. Qu'est-ce que je peux faire pour vous?

– Asseyez-vous et appelez-moi « imbécile ». Vous voyez, je m'ennuie de la maison.

1. Das rückbezügliche Zeitwort in der Gegenwart

On	m'appelle	mais je ne	**m**'arrête	pas.
On	t'appelle	mais tu ne	**te** lèves	pas.
On	l'appelle Jean	mais il	**s**'appelle	François.
On	nous appelle	mais nous	**nous** couchons.	
On	vous appelle	mais vous	**vous** promenez.	
On	les appelle	mais ils	**se** promènent.	

2. se lever, se promener, acheter

stammbetont [ɛ]	endungsbetont [ə]
Je me promène mais tu ne te lèves pas.	Nous nous promenons mais vous ne vous levez pas.
Il se promène où les autres ne se promènent pas.	Il faut se lever. Il faut se promener.
J'achète tout ce qu'elles achètent.	Nous achetons tout ce que vous achetez.

3. appeler, jeter

J' appe**ll**e maman, si tu je**tt**es des pierres.	Nous appe**l**ons maman, si vous je**t**ez des pierres.
Elle appe**ll**e maman parce qu'ils je**tt**ent des pierres.	Il faut appe**l**er maman. Il ne faut pas je**t**er de pierres.

4. acheter, jeter

Vergleichen Sie:

Je n'achète rien. Je ne je**tt**e pas l'argent par les fenêtres.
Nous n'ach**e**tons rien. Nous ne je**t**ons pas l'argent par les fenêtres.

1.

Il n'a pas d'amis. – C'est pourquoi il s'ennuie.

a. Elle n'a pas d'amis. **b.** Nous n'avons pas d'amis. **c.** Tu n'as pas d'amis. **d.** Vous n'avez pas d'amis. **e.** Ils n'ont pas d'amis. **f.** Elles n'ont pas d'amis.

2.

Est-ce que vous vous promenez le matin? – Je me promène toujours le matin.

a. Est-ce que vous vous amusez? **b.** Est-ce que vous vous sentez mal? **c.** Est-ce que vous vous sentez bien? **d.** Est-ce que vous vous levez tôt? **e.** Est-ce que vous vous couchez tard? **f.** Est-ce que vous vous ennuyez? **g.** Est-ce que vous vous arrêtez ici? **h.** Est-ce que vous vous dépêchez?

3.

Je me couche tard. – C'est pourquoi je me lève tard.

a. Il se couche tard. **b.** Vous vous couchez tard. **c.** Elle se couche tard. **d.** Nous nous couchons tard. **e.** Tu te couches tard. **f.** Ils se couchent tard. **g.** Elles se couchent tard.

4.

Je m'ennuie. – Est-ce que vous vous ennuyez aussi?

a. Je me lève tôt. **b.** Je me promène. **c.** Je m'appelle Dupont. **d.** Je m'arrête. **e.** Je me sens bien. **f.** Je me couche tôt. **g.** Je m'amuse. **h.** Je me lave. **i.** Je me dépêche.

5.

On m'appelle. – Mais je ne m'arrête pas.

a. On nous appelle. **b.** On t'appelle. **c.** On vous appelle. **d.** On appelle Gisèle. **e.** On appelle Robert. **f.** On les appelle.

6.

Vous vous promenez. – Vos amis ne se promènent pas.

a. Vous vous sentez mal. **b.** Vous vous levez tard. **c.** Vous jetez l'argent par les fenêtres. **d.** Vous vous amusez. **e.** Vous vous ennuyez. **f.** Vous vous installez ici. **g.** Vous vous arrêtez ici. **h.** Vous vous couchez tôt. **i.** Vous vous dépêchez.

7.

Est-ce qu'elle s'ennuie? – A la longue elle commence à s'ennuyer.

a. Est-ce qu'il se sent bien? **b.** Est-ce qu'elle se dépêche? **c.** Est-ce que les enfants se lavent? **d.** Est-ce qu'ils s'habillent? **e.** Est-ce qu'il se lève tôt? **f.** Est-ce qu'elle jette l'argent par les fenêtres? **g.** Est-ce qu'ils s'amusent?

8.

Les autres ne se dépêchent pas. – Nous ne nous dépêchons pas non plus.

a. Les autres ne se lèvent pas. **b.** Les autres ne se promènent pas. **c.** Les autres ne s'ennuient pas. **d.** Les autres ne jettent pas l'argent par les fenêtres. **e.** Les autres ne s'approchent pas. **f.** Les autres ne s'arrêtent pas. **g.** Les autres ne se lavent pas. **h.** Les autres ne se sentent pas mal.

9.

Il a besoin de repos. – Il lui faut du repos.

a. J'ai besoin de repos. **b.** Elle a besoin de repos. **c.** Nous avons besoin de repos. **d.** Ils ont besoin de repos. **e.** Vous avez besoin de repos. **f.** Tu as besoin de repos.

10.

a. Herr Vernier fährt allein in Urlaub. **b.** Er braucht Ruhe. **c.** Er läßt sich in einem kleinen Hotel auf dem Land nieder. **d.** Aber allmählich bekommt er Heimweh.

24 A Un dîner gratuit

Un monsieur: Asseyez-vous, mes petits, et ne vous gênez pas.
La serveuse: Vous désirez, monsieur?
Le petit garçon: Nous voulons des glaces.
Le monsieur: Bon, apportez-leur deux grandes glaces.
La petite fille: Et pour moi un gâteau.
Le monsieur: Oui, apportez-lui un gâteau.
Le petit garçon: J'en veux aussi.
Le monsieur: Bien sûr, servez-lui aussi un gâteau ou deux. Pour moi le plat du jour et une bouteille de champagne. Et servez-le bien frais, s'il vous plaît.
Le petit garçon: Je veux de ces noisettes sur la table.
Le monsieur: Prenez-en et laissez-moi tranquille. D'abord va aux toilettes et lave-toi les mains.
La serveuse: Voilà, monsieur.
Le monsieur commence à manger de bon appétit.
La petite fille: La glace est bonne.
Le monsieur: Ne la mange pas trop vite.
Quand le monsieur a fini, il appelle la serveuse et dit:
Je dois téléphoner. Je vous laisse les enfants un instant? Surveillez-les, s'il vous plaît.
La serveuse: Bien sûr, allez-y.
Les enfants attendent, le monsieur ne revient pas.
La serveuse: Il prend son temps, votre papa.
La petite fille: Ce n'est pas notre papa.
La serveuse: Qui est-ce alors?
La petite fille: Je ne sais pas. Il nous a invités comme ça, il a voulu s'offrir quelque chose de bon.

1. Die Befehlsform mit dem verbundenen persönlichen Fürwort (im 4. und 3. Fall), **mit y und en**

Ne	**m'**	appelle pas « imbécile ».	Laisse-**moi**	tranquille.
Ne	**t'**	arrête pas.	Dépêche-**toi**.	
Ne	**le**	servez pas chaud.	Servez-**le**	bien frais.
Ne	**les**	laissez pas partir.	Surveillez-**les**.	
Ne	**nous**	asseyons pas.	Promenons-**nous**.	
Ne	**vous**	gênez pas.	Asseyez-**vous**.	

Ne	**m'**	apporte pas de vin.	Apporte-**moi**	du champagne.
Ne	**te**	lave pas les pieds.	Lave-**toi**	les mains.
Ne	**lui**	apportez pas de glace.	Apportez-**lui**	un gâteau.
Ne	**leur**	servez pas de vin.	Servez-**leur**	un jus de fruits.

N'**en**	prenez pas trop.	Prenez-**en**	un peu. [prənezɑ̃]
N'**y**	allez pas dimanche.	Allez-**y**	lundi. [alezi]
N'**y**	va pas seul.	Vas-**y**	avec moi. [vazi]

In der *verneinten* Befehlsform behalten das verbundene persönliche Fürwort, y und en ihre Stellung vor dem Zeitwort.
In der *bejahten* Befehlsform werden sie mit Bindestrich nachgestellt.
Dabei wird me zu *moi* und te zu *toi*. Va wird vor y zu va*s*: *vas-y*.

2. Vouloir

Je **veux** ce que tu **veux**.	Nous **voulons** ce que vous **voulez**.	**Merke**: je voudrais = ich möchte (16 A)
Il ne **veut** pas faire ce qu'ils **veulent**.		
Il a **voulu** s'offrir quelque chose de bon.		

3. Grundform mit und ohne Verhältniswort

Il veut manger.	Il commence **à** manger.
Il faut manger. (vgl. 12 B)	Il essaie **de** manger. (vgl. 19 A)

1.

Tu ne te laves pas? – Lave-toi. Vous ne vous lavez pas? – Lavez-vous.

a. Tu ne te lèves pas? **b.** Tu ne te dépêches pas? **c.** Nous ne nous arrêtons pas? **d.** Tu ne te promènes pas? **e.** Vous ne vous dépêchez pas? **f.** Vous ne vous levez pas? **g.** Nous ne nous asseyons pas? **h.** Vous ne vous promenez pas? **i.** Vous ne vous asseyez pas?

2.

Je lui apporte un gâteau. – Mais il n'en veut pas.

a. Je leur apporte un gâteau. **b.** Il m'apporte un gâteau. **c.** Il vous apporte un gâteau. **d.** Il nous apporte un gâteau. **e.** Il t'apporte un gâteau. **f.** Il apporte un gâteau à Gisèle.

3.

Il veut une glace. – Apportez-lui une glace.

a. Je veux une glace. **b.** Elle veut une glace. **c.** Nous voulons une glace. **d.** Les enfants veulent une glace. **e.** Elles veulent une glace.

4.

Prenez encore du gâteau. – Prenez-en encore.

a. Achetez encore du café. **b.** Envoyez encore du champagne. **c.** Apportez encore des fleurs. **d.** Mangez encore du potage. **e.** Servez encore du vin. **f.** Mettez encore du lait. **g.** Montrez encore des photos.

5.

Il faut appeler les enfants. – Appelez-les.

a. Il faut chercher la clé. **b.** Il faut rendre la voiture. **c.** Il faut vendre la maison. **d.** Il faut manger le potage. **e.** Il faut inviter les Arnaud. **f.** Il faut visiter le Louvre. **g.** Il faut garer la voiture. **h.** Il faut faire les chambres.

6.

Tu veux acheter cette maison? – Ne l'achète pas.

a. Tu veux manger ces huîtres? **b.** Tu veux envoyer cette lettre? **c.** Tu veux rendre ces livres? **d.** Tu veux vendre cette voiture? **e.** Tu veux inviter les Arnaud? **f.** Tu veux faire les chambres? **g.** Tu veux mettre ce chapeau? **h.** Tu veux prendre cette robe?

7.

Jean n'a pas le téléphone. – On va lui envoyer une lettre.

a. Gisèle n'a pas le téléphone. **b.** Je n'ai pas le téléphone. **c.** Nous n'avons pas le téléphone. **d.** Les Dubois n'ont pas le téléphone. **e.** Liliane et Madeleine n'ont pas le téléphone.

8.

Mangez du potage. – Mais n'en mangez pas trop.

a. Servez du champagne. **b.** Apportez des fruits. **c.** Prenez du café. **d.** Mettez du lait. **e.** Faites du sport. **f.** Achetez des oranges. **g.** Invitez des amis. **h.** Envoyez des fleurs.

9.

Vous voulez du lait? – Prenez-en. Vous voulez ce chapeau? – Prenez-le.

a. Vous voulez du café? **b.** Vous voulez la voiture? **c.** Vous voulez des oranges? **d.** Vous voulez cette robe? **e.** Vous voulez du pain? **f.** Vous voulez ce gâteau? **g.** Vous voulez ces noisettes? **h.** Vous voulez ces fleurs?

10.

a. Die Kinder essen Eis. **b.** Der kleine Junge will auch einen Kuchen. **c.** Er ißt mit großem Appetit. **d.** Die Kinder warten auf ihren Vater. **e.** Er braucht lange.

25 A **Hors-saison**

Beaulieu, Côte d'Azur (à quelques mètres de la mer)
Service excellent, cuisine internationale, chambres avec bain et toilette
Mars, avril, octobre: 26 F · Mai, juin, septembre: 35 F · Juillet, août: 45 F
Tout compris – fermé en hiver.

M. et Mme Dubois ne peuvent pas prendre leurs vacances en été. C'est pour cela qu'ils partent chaque année en dehors de la forte saison, en automne ou au printemps.

A la réception l'employé est très aimable.

L'employé: Si vous voulez remplir cette fiche, s'il vous plaît.
M. Dubois: Où ai-je pu mettre mes lunettes? Tu les as vues, Nicole?
L'employé: Ne cherchez pas, Monsieur. Je vais remplir pour vous. Quels sont vos nom et prénoms?
M. Dubois: Dubois, Bernard Georges.
L'employé: Quelle est votre date de naissance?
M. Dubois: Le 15 janvier 1931.
L'employé: Quelle est votre profession?
M. Dubois: Homme d'affaires.
L'employé: Quel est votre domicile?
M. Dubois: 13, rue de Vienne, à Gisors.
L'employé: Aujourd'hui nous sommes le 1er octobre. Je vous remercie.
M. Dubois: Et quelles sont les heures des repas?
L'employé: Vous pouvez manger quand vous voulez. Vous voyez, hors-saison le client est roi.

1. vouloir – pouvoir

Je	**veux**	partir mais je ne	**peux**	pas.
Tu	**veux**	partir mais tu ne	**peux**	pas.
Il (elle)	**veut**	partir mais il (elle) ne	**peut**	pas.
Nous	**voulons**	partir mais nous ne	**pouvons**	pas.
Vous	**voulez**	partir mais vous ne	**pouvez**	pas.
Ils (elles)	**veulent**	partir mais ils (elles) ne	**peuvent**	pas.
Il a	**voulu**	partir mais il n'a pas	**pu**.	

2. voir

Je	**vois**	quelque chose. Qu'est-ce que tu	**vois**?	Voyez
Nous	**voyons**	quelque chose. Qu'est-ce que vous	**voyez**?	Voyons
Il ne	**voit**	pas ce que les autres	**voient**.	
Je ne l'ai pas **vu** mais je **vais le voir**.				

Beachten Sie: Je vais le voir = 1. Ich besuche ihn.
2. Ich werde ihn sehen.

3. Quel

Quel est votre domicile?	**Quels** sont vos prénoms?
Quelle est votre profession?	**Quelles** sont les heures des repas?
Quelle voiture avez-vous?	

4. Les mois et les saisons

Printemps: mars, avril, mai
Eté: juin, juillet, août
Automne: septembre, octobre
Hiver: novembre, décembre, janvier, février

1. Posez des questions à M. Dubois

Demandez son nom. – Quel est votre nom?

a. Demandez ses prénoms. **b.** Demandez sa date de naissance. **c.** Demandez sa profession. **d.** Demandez son adresse. **e.** Demandez son domicile. **f.** Demandez le prix de sa voiture.

2.

Il a vu ton patron. – Il le voit tous les jours.

a. J'ai vu ton patron. **b.** Nous avons vu ton patron. **c.** Elle a vu mon patron. **d.** Vous avez vu mon patron. **e.** Tu as vu mon patron. **f.** Ils ont vu mon patron.

3. Quel jour sommes-nous aujourd'hui?

mercredi 25 juin	lundi 1 août	dimanche 21 juillet	jeudi 23 mars	mardi 16 septembre	samedi 24 décembre	vendredi 2 janvier

4. Répondez

a. Quels sont les mois sans « r » ? **b.** Quels sont les mois d'automne? **c.** Quels sont les mois d'hiver? **d.** Quels sont les mois de printemps? **e.** Quels sont les mois d'été?

5.

Je voudrais un chapeau. – Quel chapeau veux-tu?

a. Je voudrais une glace. **b.** Je voudrais un cognac. **c.** Je voudrais des fruits. **d.** Je voudrais une robe. **e.** Je voudrais une voiture. **f.** Je voudrais des chaussures. **g.** Je voudrais un livre. **h.** Je voudrais des fleurs.

6.

Il veut venir. – Mais il ne peut pas.

a. Je veux venir. **b.** Nous voulons venir. **c.** Ils veulent venir. **d.** Vous voulez venir. **e.** Tu veux venir. **f.** Elle veut venir.

7.

Je l'ai invité. – Mais il n'a pas voulu venir.

a. Je les ai invités. **b.** Il nous a invités. **c.** Il vous a invité. **d.** Il t'a invité. **e.** Il l'a invitée. **f.** Il m'a invité.

8.

Il n'a pas réussi. – Mais il a fait ce qu'il a pu.

a. Elle n'a pas réussi. **b.** Nous n'avons pas réussi. **c.** Je n'ai pas réussi. **d.** Tu n'as pas réussi. **e.** Ils n'ont pas réussi. **f.** Vous n'avez pas réussi.

9.

Il essaie de les trouver. – Il a toujours essayé de les trouver.

a. Je veux le voir. **b.** Il veut monter. **c.** Nous voulons partir. **d.** Il peut entrer. **e.** Je peux sortir. **f.** Tu peux descendre.

10. *(nur schriftlich)*

Nous l'avons regardé. – Mais il ne nous a pas vus.

a. Je l'ai regardé. **b.** Il t'a regardé. **c.** Tu les as regardés. **d.** Il m'a regardé. **e.** Elle nous a regardés. **f.** Je vous ai regardés.

11.

a. Herr Dubois kann seinen Urlaub nicht im Frühjahr nehmen. **b.** Er hat Kinder, und die großen Ferien sind im Sommer. **c.** Die Dubois fahren im Juli und August weg. **d.** Das ist die Hauptsaison.

26 A Le porte-monnaie perdu

Un monsieur à l'air sérieux sonne à la porte de M. Dubois.

Le monsieur: Pardon, Monsieur, est-ce que vous avez perdu un porte-monnaie?

M. Dubois: ... Oui, je viens de le remarquer.

Le monsieur: Un homme honnête l'a trouvé et porté au commissariat de police. Vous savez combien il y a dedans?

M. Dubois: Je ne sais pas exactement, trois ou quatre cents francs.

Le monsieur: Mais vous savez de quelle couleur il est?

M. Dubois: Il est noir.

Le monsieur: Et quand l'avez-vous perdu?

M. Dubois: Voyons, j'ai quitté la maison ce matin à 9 heures moins le quart. J'ai été à la poste à 10 heures ou 10 heures et quart et je suis rentré à midi. Alors j'ai dû le perdre entre dix heures et 11 heures et demie.

Le monsieur: Regardez, il est donc à vous, ce porte-monnaie?

M. Dubois: Oui, il est à moi, mais comment avez-vous su? Comment avez-vous pu trouver mon adresse?

Le monsieur: C'est notre métier. Vous avez eu de la chance. On a trouvé une note de blanchisserie dans votre porte-monnaie. D'ailleurs, on a voulu savoir comment vous avez fabriqué ces faux billets de cent francs.

1. savoir – devoir

Je ne	**sais**	pas ce que je	**dois**	faire.
Tu ne	**sais**	pas ce que tu	**dois**	faire.
Il (elle) ne	**sait**	pas ce qu'il (elle)	**doit**	faire.
Nous ne	**savons**	pas ce que nous	**devons**	faire.
Vous ne	**savez**	pas ce que vous	**devez**	faire.
Ils (elles) ne	**savent**	pas ce qu'ils (elles)	**doivent**	faire.
Comment a-t-il	**su**	ce qu'il a	**dû**	faire?

2. Vergleichen Sie die folgenden Mittelwörter der Vergangenheit

avoir:	Vous avez	**eu**	de la chance.
pouvoir:	Comment avez-vous	**pu**	trouver mon adresse?
devoir:	J'ai	**dû**	perdre mon porte-monnaie.
vouloir:	On a	**voulu**	savoir.
savoir:	Comment avez-vous	**su?**	
voir:	Qui a	**vu**	mes lunettes?

prendre:	Il a	**pris**	l'autobus.
mettre:	Il a	**mis**	un veston.
dire:	Qui est-ce qui t'a	**dit**	cela?

être:	J'ai	**été**	à la poste.
faire:	Qu'est-ce que vous avez	**fait**	aujourd'hui?
ouvrir:	Qui a	**ouvert**	la fenêtre?
offrir:	Il nous a	**offert**	des glaces.

3. Quelle heure est-il?

20^{00} h: huit heures du soir [= vingt heures]	12^{15} h: midi et quart
	4^{30} h: quatre heures et demie,
23^{45} h: minuit moins le quart	6^{05} h: six heures cinq

4. Das passé récent: venir de faire

Je viens de le remarquer – Ich habe es **soeben** bemerkt.

1.

Est-ce que vous avez vu Jean? – Je viens de le voir.

a. Est-ce que vous avez trouvé la lettre? **b.** Est-ce que vous avez perdu le porte-monnaie? **c.** Est-ce que vous avez acheté la maison? **d.** Est-ce que vous avez pris l'argent? **e.** Est-ce que vous avez rempli la fiche? **f.** Est-ce que vous avez fermé les fenêtres? **g.** Est-ce que vous avez fini le travail?

2.

Est-ce que vous avez pris du lait? – Je viens d'en prendre.

a. Est-ce que vous avez acheté des fruits? **b.** Est-ce que vous avez mangé de la salade? **c.** Est-ce que vous avez parlé des vacances? **d.** Est-ce que vous avez servi du vin? **e.** Est-ce que vous avez pris de l'argent? **f.** Est-ce que vous avez vu des belles robes?

3.

Je veux aller le voir. – Mais je ne sais pas son adresse.

a. Il veut aller le voir. **b.** Ils veulent aller nous voir. **c.** Elle veut aller les voir. **d.** Nous voulons aller la voir. **e.** Tu veux aller nous voir. **f.** Vous voulez aller les voir.

4.

Il a perdu son porte-monnaie. – Il doit le chercher.

a. J'ai perdu mon porte-monnaie. **b.** Tu as perdu tes clés. **c.** Vous avez perdu vos lunettes. **d.** Nous avons perdu nos amis. **e.** Elle a perdu son argent. **f.** Ils ont perdu leurs billets.

5.

Il écoute. – Les autres n'écoutent pas.

a. Il le voit. **b.** Il peut venir. **c.** Il veut rester. **d.** Il vient. **e.** Il le sait. **f.** Il doit travailler. **g.** Il le prend. **h.** Il le fait.

6. Quelle heure est-il?

7.

Donnez ce porte-monnaie à Gisèle. – Il est à Gisèle.

a. Donnez ces lunettes à papa. **b.** Donnez ce chapeau au patron. **c.** Donnez ces livres aux Arnaud. **d.** Donnez ces billets à Charles. **e.** Donnez ces instruments à l'ingénieur. **f.** Donnez ces clés à la serveuse.

8.

Je ne sors pas. – Est-ce que vous sortez?

a. Je ne dois pas travailler. **b.** Je ne veux pas partir. **c.** Je ne le vois pas. **d.** Je ne le sais pas. **e.** Je ne peux pas payer. **f.** Je ne le prends pas. **g.** Je ne le dis pas. **h.** Je n'y vais pas.

9.

Il entend tout. – Nous n'entendons rien.

a. Il voit tout. **b.** Il veut tout. **c.** Il perd tout. **d.** Il fait tout. **e.** Il dit tout. **f.** Il finit tout. **g.** Il comprend tout. **h.** Il sait tout.

10.

a. Herr Rivet weiß nicht, wo er sein Portemonnaie verloren hat. **b.** Aber er weiß, wann er es verloren hat. **c.** Er ist um 9 Uhr von zu Hause weggegangen. **d.** Er war um 1/2 11 Uhr auf der Post und er ist mittags nach Hause gekommen. **e.** Er muß es zwischen 3/4 11 Uhr und 12 Uhr verloren haben.

27 A Dans l'ascenseur

Les Arnaud se trouvent au « Printemps ». C'est un grand magasin où on peut tout trouver : des gâteaux, des journaux, des vêtements, des animaux en peluche, etc.

Ils entrent dans l'ascenseur. On y est serré. Il y a beaucoup de monde, et en plus, les femmes ont des gros paquets avec elles.

M. Arnaud voit une belle jeune fille aux cheveux blonds et aux yeux bleus. Il lui fait de l'œil et s'approche d'elle plus qu'il ne faut.

Tout à coup elle lui donne une gifle. M. Arnaud rougit. Les gens autour de lui le regardent avec intérêt. Sa femme à côté de lui a l'air amusé. « Ça n'arrive qu'à toi », lui dit-elle. Ils n'en parlent plus de la journée. Ils rentrent chez eux en silence.

Le lendemain, M. Arnaud, derrière son journal, s'excuse : « Au fond, je n'ai rien fait de mal hier. Je ne sais pas pourquoi elle m'a giflé. » « Moi, je sais », dit Mme Arnaud, « c'est parce que je l'ai pincée. »

1. Das unverbundene persönliche Fürwort

a) Formen

Je ne sais pas pourquoi elle m'a giflé.	**Moi,**	je sais.	**Nous,**	nous savons.
	Toi,	tu sais.	**Vous,**	vous savez.
	Lui,	(il) sait.	**Eux,**	(ils) savent.
	Elle,	(elle) sait.	**Elles,**	(elles) savent.

b) Anwendung

Qui est-ce? – **Moi**. – C'est (ce sont) **eux**.	Alleinstehend Nach c'est
M. Arnaud, **lui** (il) ne sait pas, mais Mme Arnaud, **elle** (elle) sait.	Zur Verstärkung; (in der 3. Person kann das verbundene persönliche Fürwort wegfallen.)
Ils rentrent **chez eux**. Il s'approche **d'elle**.	Nach Verhältniswörtern

c) Beachten Sie

On **lui** donne une gifle.	Ça n'arrive qu'à	**lui (elle).**
On **leur** a envoyé un chèque.	Ça n'arrive qu'à	**eux (elles).**

2. ne ... que

Elle n'a pas d'appartement.	Elle **n'**a **qu'**une chambre.

3. Besondere Mehrzahlformen einiger Haupt- und Eigenschaftswörter

le cheveu – les cheveu**x**	le travail – les trav**aux**	
le chapeau – les chapeau**x** le bureau – les bureau**x**	le journal – les journ**aux** l'animal – les anim**aux**	
le gâteau – les gâteau**x** beau – beau**x**	l'œil [lœj] – les **yeux** [lezjø] l'œuf [lœf] – les œufs [lezø]	**aber:** bleu – bleus

1.

Je suis chez moi. – Apportez-moi le paquet.

a. Il est chez lui. **b.** Ils sont chez eux. **c.** Elle est chez elle. **d.** Elles sont chez elles. **e.** Nous sommes chez nous.

2.

Il s'approche d'elle. – Qu'est-ce qu'il va lui dire?

a. Il s'approche de moi. **b.** Il s'approche de nous. **c.** Il s'approche de lui. **d.** Il s'approche de Gisèle et de Juliette. **e.** Il s'approche d'eux. **f.** Il s'approche de toi. **g.** Il s'approche de vous.

3.

Je vais voir Gisèle. – Est-ce qu'elle est chez elle?

a. Je vais voir Juliette. **b.** Je vais voir Gisèle et Juliette. **c.** Je vais voir Jean. **d.** Je vais voir Jean et Liliane. **e.** Je vais voir les Rivet. **f.** Je vais vous voir. **g.** Je vais te voir.

4.

Est-ce que le chapeau est à Jean? – Oui, il est à lui.

a. Est-ce que le porte-monnaie est à Robert? **b.** Est-ce que la robe est à Gisèle? **c.** Est-ce que les lunettes sont à Juliette? **d.** Est-ce que la maison est aux Dubois? **e.** Est-ce que l'argent est à Charles et Robert? **f.** Est-ce que la voiture est à Liliane et Philippe? **g.** Est-ce que les animaux sont aux enfants? **h.** Est-ce que les fleurs sont à Juliette et Margot?

5.

Elle a perdu son porte-monnaie. – Cela n'arrive qu'à elle.

a. Elle a dû attendre. **b.** Il a trouvé de l'argent. **c.** Il a dû payer. **d.** Ils n'ont pas pu payer. **e.** Elles ont perdu l'adresse. **f.** Tu as mangé trop. **g.** On t'a giflé. **h.** On m'a trompé. **i.** Nous avons perdu les billets. **k.** On a volé notre voiture.

6.

Est-ce que vous savez quelque chose? – Nous, nous ne savons rien.

a. Est-ce que vous faites quelque chose? **b.** Est-ce que tu manges quelque chose? **c.** Est-ce que tu sais quelque chose? **d.** Est-ce qu'ils savent quelque chose? **e.** Est-ce qu'ils achètent quelque chose? **f.** Est-ce qu'elle apprend quelque chose? **g.** Est-ce qu'il sait quelque chose? **h.** Est-ce qu'il apporte quelque chose? **i.** Est-ce qu'elles perdent quelque chose?

7.

Où est Juliette? – On a besoin d'elle.

a. Où est Gisèle? **b.** Où est Philippe? **c.** Où sont les Rivet? **d.** Où est le patron? **e.** Où sont les serveuses? **f.** Où es-tu? **g.** Où êtes-vous? **h.** Où sont les employés?

8.

Est-ce que tu me regardes? – Non, je regarde la jeune fille à côté de toi.

a. Est-ce que tu nous regardes? **b.** Est-ce que tu regardes les Arnaud? **c.** Est-ce que tu regardes les enfants? **d.** Est-ce que tu regardes le patron? **e.** Est-ce que tu regardes Juliette? **f.** Est-ce que tu regardes Mme Rivet? **g.** Est-ce que tu regardes Liliane et Gisèle?

9.

C'est un grand magasin. – Je n'aime pas les grands magasins.

a. C'est un gâteau à la crème. **b.** C'est un chapeau à fleurs. **c.** C'est un petit hôtel. **d.** C'est un animal en peluche. **e.** C'est un grand bureau. **f.** C'est un journal du soir. **g.** C'est un cheveu blond. **h.** C'est un petit travail.

10.

a. Frau Arnaud mag die großen Kaufhäuser nicht. **b.** Aber heute ist sie im „Printemps", wo man alles kaufen kann: Kleider, Hüte, Zeitungen und Kuchen. **c.** Es sind viele Menschen dort. **d.** Es ist ein Gedränge. **e.** Frau Arnaud will zahlen. **f.** Sie hat kein Portemonnaie. **g.** Das kann nur ihr passieren.

28 A A malin malin et demi

Un représentant de commerce qui vend des machines à laver entre dans une ferme et s'adresse au vieux paysan et à sa femme qu'il voit dans la cour.
Le représentant: Est-ce que je peux vous montrer notre nouvelle machine à laver? C'est le dernier modèle. Nous en avons déjà vendu plus de dix mille. Presque tous vos voisins en ont acheté une. Et ils sont tous contents.
Le paysan: On n'a pas le temps. On a du travail.
Le représentant: Avec une machine à laver vous allez gagner du temps. Surtout avec une machine comme ça. C'est la meilleure, la plus pratique, c'est la machine la plus moderne du monde.
La paysanne: J'en ai déjà une.
Le représentant: Et vous l'avez depuis combien de temps?
La paysanne: Ça fait déjà dix ans.
Le représentant: C'est déjà un vieil appareil, votre machine à laver.
La paysanne: Elle est peut-être moins chic, ma vieille machine, mais elle marche toujours.
Le représentant: Avec une machine neuve vous avez moins de réparations. Notre machine lave dix kilos à la fois. Elle est meilleure et plus petite que toutes les autres. C'est un nouveau système, un nouvel automatisme. Les chemises en sortent plus blanches que neige. C'est un bel exemple du progrès. C'est une machine qui rend toute femme heureuse.
Le paysan: En effet, l'automatisme n'est pas mauvais, mais je ne l'achète pas. Mais qu'est-ce que vous me donnez comme commission si je vous trouve un client?
Le représentant: Bon, disons 60 francs.
Le paysan et sa femme s'éloignent un peu et tiennent conseil. Enfin le vieil homme revient.
Le paysan: Je vous ai trouvé une cliente: C'est ma femme.

1. Das Eigenschaftswort (II)

a) Eigenschaftswörter mit zwei männlichen Formen in der Einzahl

vor Mitlaut	vor Selbstlaut	
un **vieux** paysan	un **vieil** appareil	une vieille machine
un **nouveau** système	un **nouvel** automatisme	une nouvelle machine
du **beau** temps	un **bel** exemple	une belle femme

b) Eigenschaftswörter mit weiblichen Sonderformen

un homme heureu**x**	– une femme heureu**se**	**Unterscheiden Sie:**
un chapeau neu**f**	– une machine neu**ve**	une *nouvelle* machine – neuartig
le derni**er** modèle	– la derni**ère** fois	
le premi**er** mai	– la premi**ère** fois	une machine *neuve* – fabrikneu
mon **cher** oncle	– ma **chère** tante	
un vin **blanc**	– une chemise **blanche**	

c) Steigerung

La machine est **petite**.	Cet appareil est **intéressant**.
Elle est **plus petite que** les autres.	Ce modèle est **moins intéressant que** l'autre.
C'est **la plus petite**.	C'est **le moins intéressant**.

Merke:

Elle est **plus** chic **que** les autres. Nous en avons vendu **plus de** dix mille.	Vor Zahlen heißt das Vergleichswort *de*.

bon, bonne	meilleur, meilleure	le meilleur, la meilleure

2. tout, toute; tous, toutes – alle

Tout le temps	die *ganze* Zeit	Tous [tu] vos voisins sont contents.
Toute la maison	das *ganze* Haus	Tous [tus] sont contents.
Toute femme	*jede* Frau	Toutes ces femmes sont contentes.
C'est tout	das ist *alles*	Toutes sont contentes.

1.

Cet hôtel est nouveau. – C'est un nouvel hôtel.

a. Cet ascenseur est vieux. **b.** Cet enfant est beau. **c.** Cet appareil est vieux. **d.** Cet hôtel est beau. **e.** Cette église est vieille. **f.** Cet homme est vieux. **g.** Cet employé est nouveau. **h.** Cet autobus est beau. **i.** Cette assiette est belle. **k.** Cet horaire est nouveau.

2.

C'est un nouvel hôtel. – J'aime les nouveaux hôtels.

a. C'est un vieil hôtel. **b.** C'est un vieil ami. **c.** C'est un nouvel appartement. **d.** C'est un bel enfant. **e.** C'est un nouvel autobus. **f.** C'est un bel homme. **g.** C'est un nouvel appareil. **h.** C'est un bel animal.

3.

C'est notre nouvelle voiture. – Elle est encore neuve.

a. C'est ma nouvelle robe. **b.** C'est mon nouveau chapeau. **c.** C'est mon nouveau veston. **d.** C'est ma nouvelle machine. **e.** Ce sont mes nouveaux livres. **f.** Ce sont mes nouveaux instruments. **g.** Ce sont mes nouvelles chaussures. **h.** Ce sont mes nouvelles chemises.

4.

C'est un bel enfant. – Tous vos enfants sont beaux.

a. C'est un livre intéressant. **b.** C'est une jolie robe. **c.** Ce sont des belles chaussures. **d.** C'est une machine moderne. **e.** C'est une belle chambre. **f.** C'est un bon gâteau. **g.** C'est un bon fromage. **h.** C'est une bonne secrétaire.

5.

Donne-moi un peu de ce gâteau. – Je te donne tout le gâteau.

a. Donne-moi un peu de ce fromage. **b.** Donne-moi un peu de cette salade. **c.** Donne-moi un peu de ce potage. **d.** Donne-moi un peu de cette glace.

e. Donne-moi un peu de ce dessert. **f.** Donne-moi un peu de cette orange. **g.** Donne-moi un peu de ce rôti. **h.** Donne-moi un peu de cette escalope.

6.

Vous fermez toutes les fenêtres? – Je ne les ferme pas toutes.

a. Vous visitez tous les musées? **b.** Vous allez voir tous vos amis? **c.** Vous prenez toutes les cartes? **d.** Vous mangez tous les gâteaux? **e.** Vous achetez toutes les fleurs? **f.** Vous rendez tous les livres?

7.

Est-ce que c'est une belle voiture? – C'est la plus belle du monde.

a. Est-ce que c'est une machine pratique? **b.** Est-ce que c'est un bon vin? **c.** Est-ce que c'est un appareil moderne? **d.** Est-ce que c'est un bon fromage? **e.** Est-ce que c'est une bonne secrétaire? **f.** Est-ce que ce sont des appartements modernes? **g.** Est-ce que c'est un livre intéressant? **h.** Est-ce que ce sont des belles robes?

8.

Cette machine est pratique. – Elle est plus pratique que les autres.

a. Cette machine est moderne. **b.** Ce vin est bon. **c.** Ce fromage est bon. **d.** Ce livre est intéressant. **e.** Cette robe est belle. **f.** Cette maison est confortable. **g.** Cet appartement est joli. **h.** Ce veston est chic.

9.

Cette voiture n'est pas très belle. – Elle est moins belle que les autres.

a. Cet appartement n'est pas très confortable. **b.** Cette robe n'est pas très chic. **c.** Cette machine n'est pas très pratique. **d.** Ces chaussures ne sont pas très belles. **e.** Ce chapeau n'est pas très joli. **f.** Ce journal n'est pas très intéressant. **g.** Cette chambre n'est pas très belle. **h.** Cette voiture n'est pas très agréable.

10.

a. Mit einer neuen Maschine hat man weniger Reparaturen. **b.** Diese Maschine ist besser als alle anderen. **c.** Sie wäscht 10 kg auf einmal. **d.** Wir haben schon mehr als zehntausend davon verkauft.

29 A Les transports parisiens

Naturellement c'est le métro qui va le plus vite. Un billet de deuxième classe coûte 1 franc 20. Un carnet de dix billets est plus intéressant. A chaque bouche de métro et sur les quais se trouve un plan de Paris avec les lignes de métro. Dans chaque wagon la direction est indiquée avec toutes les stations. Il y a des trains de 5h 30 jusqu'à 1h 15.

Les autobus roulent moins vite que le métro et ils coûtent plus cher.

Si vous achetez un Billet de Tourisme vous pouvez prendre le métro et l'autobus pendant sept jours et aller partout où vous voulez.

Souvent les touristes traversent Paris en bateau-mouche. Ils vont plus lentement mais on y est confortablement assis. Vous pouvez vous asseoir à l'avant ou à l'arrière du bateau et regarder à gauche et à droite comme bon vous semble. Vous êtes bien installé et vous ne vous sentez pas mal.

Si vous avez des bagages, prenez un taxi. Bien sûr, ça coûte plus cher. Attention; devant les boîtes de nuit se trouvent des grandes voitures sans taximètre. Il faut s'arranger avec le chauffeur d'abord.

Das Umstandswort (I)

a) Abgeleitete Umstandswörter

Elle est lente. Elle travaille **lentement**.	Sie ist langsam. Sie arbeitet langsam.

Die Endung *-ment* wird in der Regel an die weibliche Form des Eigenschaftswortes angehängt.

männlich	weiblich	Umstandswort (unveränderlich!)
lent	lente	lentement
naturel	naturelle	naturellement
heureux	heureuse	heureusement
confortable	confortable	confortablement
rapide	rapide	rapidement

b) Ursprüngliche Umstandswörter

Une *bonne* secrétaire	Elle travaille **bien**.
Une *mauvaise* secrétaire	Elle travaille **mal**.
Un train *rapide*	Il va **vite** (rapidement).

Merke:

acheter vendre payer coûter	cher	teuer	kaufen verkaufen (be)zahlen sein

c) Steigerung

L'autobus va Le taxi va Le métro va	vite. plus vite le plus vite.	que l'autobus.
Le métro roule L'autobus roule Le bateau va	vite. moins vite le moins vite.	que le métro.

1.

Cette voiture est confortable. – On y est confortablement installé.

a. Cet hôtel est confortable. **b.** Cet hôtel est bon. **c.** Cette voiture est bonne. **d.** Ces bateaux sont confortables. **e.** Cet hôtel est mauvais. **f.** Ces chambres sont mauvaises. **g.** Cette voiture est mauvaise.

2.

Le métro va vite. L'autobus ne roule pas si vite. – L'autobus roule moins vite que le métro.

a. Ce taxi coûte cher. Le métro ne coûte pas si cher. **b.** Jean va souvent à Paris. Robert n'y va pas si souvent. **c.** Juliette travaille bien. Gisèle ne travaille pas si bien. **d.** Charles se sent mal. Philippe ne se sent pas si mal. **e.** Nous sommes allés loin. Vous n'êtes pas allés si loin.

3.

Cette robe coûte cher. – Elle coûte plus cher que les autres.

a. Il vient souvent. **b.** Il va loin. **c.** Cet autobus roule vite. **d.** Ce bateau va lentement. **e.** Charles travaille lentement. **f.** Il comprend vite.

4.

Il faut tourner à gauche. – Tournez à gauche.

a. Il faut tourner à droite. **b.** Il faut regarder à gauche. **c.** Il faut se mettre à l'avant. **d.** Il faut se mettre à l'arrière. **e.** Il faut attendre jusqu'à une heure. **f.** Il faut demander d'abord. **g.** Il faut attendre devant le musée. **h.** Il faut chercher derrière les livres.

5.

Cette voiture roule vite. – C'est la voiture qui roule le plus vite.

a. Cet autobus roule vite. **b.** Ce taxi va vite. **c.** Cette robe coûte cher.

d. Cet homme travaille lentement. **e.** Ce bateau va loin. **f.** Ce garçon comprend vite. **g.** Ce client vient souvent.

6.

Je ne comprends rien. – Vous comprenez tout. Je ne travaille jamais. – Vous travaillez toujours.

a. Je ne dis rien. **b.** Je ne sors jamais. **c.** Je ne fais rien. **d.** Je ne réussis jamais. **e.** Je n'ai rien. **f.** Je ne me promène jamais. **g.** Je ne sais rien. **h.** Je n'attends jamais. **i.** Je n'achète rien. **k.** Je ne dors jamais.

7. Dites le contraire

Est-ce que vous venez avant le dîner? – Non, je viens après le dîner.

a. Est-ce que vous attendez devant le théâtre? **b.** Est-ce que vous vous mettez à l'avant du bateau? **c.** Est-ce que vous vous mettez à gauche? **d.** Est-ce que le bateau passe sur le pont? **e.** Est-ce que vous prenez le thé avec du lait? **f.** Est-ce qu'il mange peu? **g.** Est-ce qu'il sort toujours? **h.** Est-ce que vous venez le matin? **i.** Est-ce que vous prenez le premier train? **k.** Est-ce qu'il fait chaud? **l.** Est-ce qu'il va mal? **m.** Est-ce que vous en prenez encore?

8.

Est-ce que tu sors chaque jour? – Non, je ne sors que le dimanche.

a. Est-ce qu'il se promène chaque jour? **b.** Est-ce qu'il va au restaurant chaque jour? **c.** Est-ce qu'elle téléphone chaque jour? **d.** Est-ce qu'il s'ennuie chaque jour? **e.** Est-ce que tu rentres chaque jour? **f.** Est-ce que tu t'amuses chaque jour? **g.** Est-ce qu'elle va à pied chaque jour? **h.** Est-ce qu'il t'invite chaque jour?

9.

a. Nehmen wir die Metro! **b.** Ich habe noch ein Fahrscheinheft. **c.** Ich habe viel Gepäck. **d.** Ich nehme ein Taxi. **e.** Es kostet mehr, aber es ist bequemer **f.** Und in der Metro sieht man nichts von Paris.

1.

a. Demandez à Gisèle quand elle est arrivée à Paris.
b. Demandez à M. Arnaud qui lui a dit cela.
c. Demandez à Robert ce qui l'intéresse.
d. Demandez à M. Dubois ce qu'il cherche.
e. Demandez où se trouvent vos lunettes.
f. Demandez à Robert sa date de naissance.
g. Demandez sa profession.
h. Demandez son domicile.
i. Demandez où vous pouvez garer votre voiture.

2.

Jean visite la Sainte-Chapelle. – Il ne l'a jamais visitée.

a. Je vais au Marché aux Puces.
b. Il mange des huîtres.
c. Elle va à Paris.
d. Il va voir les Arnaud.
e. Elle apporte des fleurs.
f. Il prend le métro.
g. Ils descendent à l'Hilton.
h. On parle de faillites.
i. Il essaye de tromper ses clients.
k. Il prend du lait.

3.

Il a travaillé. – Il travaille toujours.

a. Il est venu à temps.
b. Il nous a retenus.
c. Elle a dormi.
d. Tu es sorti seul.
e. Ils ont servi des glaces.
f. Ils ont mangé de bon appétit.
g. Ils ont voulu venir.

h. Il est parti en automne.
i. Elle a mis un chapeau.
k. Tu as perdu tes lunettes.
l. Il a envoyé des fleurs.
m. Nous avons réussi.

4.

Quand est-ce qu'il va téléphoner? – Il a déjà téléphoné.

a. Quand est-ce qu'ils vont réussir?
b. Quand est-ce qu'il va sortir?
c. Quand est-ce qu'elle va arriver?
d. Quand est-ce qu'ils vont partir?
e. Quand est-ce qu'ils vont rentrer?
f. Quand est-ce qu'ils vont payer?
g. Quand est-ce qu'elle va descendre?
h. Quand est-ce qu'ils vont dormir?
i. Quand est-ce qu'elles vont venir?
k. Quand est-ce qu'ils vont aller à la maison?
l. Quand est-ce qu'elle va finir?

5.

Je sors. – Est-ce que vous sortez aussi?

a. Je descends.
b. Je finis.
c. Je réfléchis.
d. Je pars.
e. J'ouvre les fenêtres.
f. Je vais à la gare.
g. Je reste.
h. Je veux rester.
i. Je prends l'avion.
k. Je peux y aller.
l. Je sais son nom.
m. Je dois rester.
n. Je fais des excursions.

6. Antworten Sie sinngemäß unter Verwendung folgender Ausdrücke:
bien, mal, tôt, tard, Dupont, à l'hôtel, l'après-midi.

a. Quand est-ce que vous vous couchez?
b. Quand est-ce que vous vous levez?
c. Où est-ce que vous vous installez?
d. Quand est-ce que vous vous promenez?
e. Comment est-ce que vous vous sentez?
f. Comment est-ce que vous vous appelez?

7. Schreiben Sie eine Postkarte an Ihren Freund Robert.

Date d'aujourd'hui

a. Vous êtes arrivé à Dijon il y a 8 jours.
b. Vous avez toujours eu du beau temps.
c. Vous faites beaucoup d'excursions.
d. Vous aimez le vin.
e. Vous voulez encore rester quelques jours.
f. Demandez comment votre ami a passé ses vacances.
g. Demandez comment il va.

A très bientôt...

8.

Les enfants ne se lavent pas les mains. – Lavez-vous les mains.

a. Ils ne prennent pas de savon.
b. Ils ne se lèvent pas le matin.
c. Ils ne se dépêchent pas.
d. Ils ne vont pas à la maison.
e. Ils parlent tout le temps.
f. Ils vont toujours au cinéma.
g. Ils jettent du pain.
h. Ils se couchent trop tard.
i. Ils ne viennent pas à temps.
k. Ils ne font pas attention.
l. Ils ne mangent pas de fruits.

9.

Il mange tout ce que les autres ne mangent pas.

a. Il veut tout ce que ....
b. Il fait tout ce que ....
c. Il comprend tout ce que ....
d. Il voit tout ce que ....
e. Il sait tout ce que ....
f. Il peut tout ce que ....
g. Il dit tout ce que ....
h. Il a tout ce que ....
i. Il met tout ce que ....
k. Il retient tout ce que ....

10. Dites le contraire

Est-ce que vous ouvrez les fenêtres? – Non, je les ferme.

a. Est-ce que vous rentrez?
b. Est-ce que le bateau va vite?
c. Est-ce que vous vous sentez mal?
d. Est-ce que vous vous couchez?
e. Est-ce que c'est une nouvelle machine?
f. Est-ce que c'est un nouvel autobus?
g. Est-ce que la voiture est bonne?
h. Est-ce que la maison est grande?
i. Est-ce que vous tournez à gauche?
k. Est-ce qu'il fait froid?
l. Est-ce qu'il achète une maison?
m. Est-ce que vous finissez?

11.

a. Am Abend verlassen die Angestellten die Büros und die Geschäfte.
b. Viele von ihnen nehmen die Metro, um nach Hause zu fahren.
c. Die Metro fährt am schnellsten und sie kostet nicht viel.
d. Alles geht dort sehr schnell.
e. Die Türen öffnen und schließen sich schnell.
f. Natürlich sieht man nichts von Paris.

PARIS
Bois de Boulogne
Arc de Triomphe
Place du Gén. De Gaulle
Parc Monceau
Sacré-Coeur
Opéra
Madeleine
Place Vendôme
Place de la Concorde
Tuileries
Palais Royal
Louvre
Place de la République
Hôtel de Ville
Place de la Bastille
Notre Dame
Palais de Justice
Institut de France
St Germain-des-Prés
Luxembourg
Sorbonne
Jardin des Plantes
Panthéon
Palais Bourbon
Hôtel des Invalides
École militaire
UNESCO
Champ-de-Mars
Tour Eiffel
Palais de Chaillot
O.R.T.F.
Boulevard Bineau
Boulevard Ber
Avenue du Roule
Avenue de Neuilly
Avenue de Villiers
Boulevard des Batignolles
Boulevard de Clichy
Boulevard de la Chapelle
Avenue des Ternes
Rue du Faubourg St Honoré
Boulevard Haussmann
Rue La Fayette
Boulevard de Magenta
Boulevard St Martin
Avenue Foch
Avenue Raymond Poincaré
Avenue Victor Hugo
Avenue Kléber
Avenue Marceau
Avenue des Champs-Elysées
Avenue Henri Martin
York
New
Quai d'Orsay
Quai Anatole France
Rue de Rivoli
Avenue Bosquet
Av. de La Bourdonnais
Avenue de Suffren
Quai Branly
Avenue de Seine
Boulevard de Grenelle
Rue de Sèvres
Boulevard St Germain
Boulevard St Michel
Boul. Henri IV
Quai St Bernard
Boul. Diderot
St Marcel
Boulevard du Mont
Rue Lecourbe
Avenue du Pt Kennedy
Quai de Javel
Seine

Kurze Angaben zu einigen Sehenswürdigkeiten, die in diesem Band erwähnt werden

La Tour Eiffel	Erbaut zur Weltausstellung 1889 von Gustave Eiffel, Höhe 320 m; heute Fernsehturm.
La Madeleine	Von Napoleon ursprünglich als Ruhmestempel geplant, daher der griechische Tempelstil. Heute katholische Kirche, besonders beliebt für Hochzeiten.
Notre-Dame de Paris	Eine der schönsten gotischen Kathedralen Frankreichs, erbaut zwischen 1160 und 1250 auf der Ile de la Cité, der Wiege von Paris.
Rue du Faubourg-Saint-Honoré	Eine der elegantesten Einkaufsstraßen von Paris.
Le musée du Louvre	Ehemalige Residenz der französischen Könige in Paris. Birgt heute eine der größten und reichsten Kunstsammlungen der Welt.
Les Champs-Elysées	Prachtstraße in Paris, führt vom Arc de Triomphe zur Place de la Concorde.
Le Quartier Latin	Eines der ältesten Viertel von Paris; Universitäts- und Studentenviertel.
L'Hôtel des Invalides	Gegründet von Ludwig XIV. für die Unterbringung und Versorgung seiner Veteranen. Im Invalidendom befindet sich der Sarkophag Napoleons.
L'église du Sacré-Cœur	Gehört zu den Wahrzeichen von Paris. Um die Jahrhundertwende im byzantinischen Stil auf der Butte Montmartre erbaut. Herrlicher Rundblick auf die Stadt.
La Sainte-Chapelle	Im Hof des Justizpalastes. Erbaut im 13. Jahrhundert von Ludwig dem Heiligen; ein Meisterwerk der französischen Gotik, besonders berühmt die herrlichen Kirchenfenster.
Versailles	Prunkvolle Schloßanlage in unmittelbarer Nähe von Paris. Erbaut im Auftrag Ludwigs XIV. von Le Vau und Mansart. Ausdruck des absolutistischen Zeitalters.
Caen	Hauptstadt des Departements Calvados im Nordwesten Frankreichs. Berühmte romanische Kathedrale.
Le Mont-Saint-Michel	Ursprünglich Benediktiner-Abtei auf einer der Kanalküste vorgelagerten Felseninsel, durch einen Damm mit dem Festland verbunden. Beliebter Wallfahrts- und Ausflugsort.

ERKLÄRUNG DER LAUTSCHRIFT

	Französisches Beispiel	Vergleichbares deutsches Beispiel
[a]	panne [pan]	wann
[e]	thé [te]	Tee
[ɛ]	mer [mɛːr]	Werk
[ə]	me [mə]	–
[i]	qui [ki]	sie
[o]	eau [o]	wo
[ɔ]	comme [kɔm]	von
[ø]	cheveux [ʃ(ə)vø]	Höh'
[œ]	œuf [œf]	Geschöpf
[u]	clou [klu]	Kuh
[y]	tu [ty]	früh
[ɑ̃]	blanc [blɑ̃]	–
[ɛ̃]	pain [pɛ̃]	–
[õ]	mon [mõ]	–
[b]	blond [blõ]	blond
[d]	direct [dirɛkt]	direkt
[f]	fils [fis]	viel
[g]	goût [gu]	gut
[j]	feuille [fœj]	ja
[k]	crise [kriːz]	Krise
[l]	la [la]	Lampe
[m]	ma [ma]	Mantel
[n]	nez [ne]	Neger
[p]	papa [papa]	Platz
[r]	rose [roːz]	Rose
[s]	tasse [tas]	Tasse
[t]	trou [tru]	Trubel
[v]	vers [vɛːr]	wer
[w]	loi [lwa]	–
[z]	musée [myze]	Museum
[ʒ]	général [ʒeneral]	Genie
[ʃ]	chaud [ʃo]	schon
[ɥ]	huit [ɥit]	–
[ɲ]	cognac [kɔɲak]	Kognak
[ŋ]	camping [kɑ̃piŋ]	sing!

[ː] = Längenzeichen

WÖRTERVERZEICHNIS

m = maskulin/männlich   *f* = feminin/weiblich   *pl* = Plural/Mehrzahl

LEKTION 1

A Paris [apari]	In Paris
c'est *(= ce + est)* [sɛ]	das ist
la tour [latuːr]	der Turm
la tour Eiffel [laturɛfɛl]	der Eiffelturm
et [e]	und
il [il], elle [ɛl]	er, sie, es
elle [ɛl]	sie
sous [su]	unter
Il est sous la tour Eiffel [ilɛsulaturɛfɛl]	Er steht (ist) unter dem Eiffelturm
le pont [ləpõ]	die Brücke
le Pont-Neuf [ləpõnœf]	der Pont-Neuf
aussi [osi]	auch
sur [syr]	auf
Elle est sur le Pont-Neuf [ɛlɛsyrləpõnœf]	Sie steht (ist) auf dem Pont-Neuf
pardon [pardõ]	Verzeihung; wie bitte?
Mademoiselle [madmwazɛl]	(mein) Fräulein
où? [u]	wo?
l'église *f* [legliːz]	die Kirche
l'église de la Madeleine [leglizdəlamadlɛn]	die Madeleine
là-bas [laba]	dort drüben, dort hinten, da drüben
voici [vwasi]	hier ist, hier sind
l'autobus *m* [lɔtɔbys]	der Autobus
avec [avɛk]	mit
devant [dəvɑ̃]	vor
dans [dɑ̃]	in
la rue [lary]	die Straße (in der Stadt)
la rue Royale [laryrwajal]	die rue Royale
la Seine [lasɛn]	die Seine
le téléphone [lətelefɔn]	das Telefon
le restaurant [lərɛstɔrɑ̃]	das Restaurant
le café [ləkafe]	das Café *(im frz. café trifft man sich zu jeder Tageszeit zu einem kurzen Espresso oder einem Apéritif. Es entspricht also nicht dem deutschen Café. An der Theke gibt es meistens Zigaretten, Briefmarken und jetons für die öffentlichen Fernsprecher.)*

LEKTION 2

En vacances [ɑ̃vakɑ̃s]	Im Urlaub
les vacances *fpl* [levakɑ̃s]	die Ferien, der Urlaub
voilà [vwala]	da ist, da sind
Cologne [kɔlɔɲ]	Köln
Ils sont de Cologne [ilsõdkɔlɔɲ]	Sie sind aus Köln
la route [larut]	die Landstraße
Ils sont en route [ilsõtɑ̃rut]	Sie sind unterwegs
depuis [dəpɥi]	seit
huit [ɥit]	acht
l'heure *f*/les heures [lœːr/lezœːr]	die Stunde/die Stunden
ce sont [səsõ]	das sind
les Arnaud [lezarno]	die Familie Arnaud, Arnauds
Ils sont aussi en vacances [ilsõtosiɑ̃vakɑ̃s]	Sie sind auch im Urlaub, sie haben auch Urlaub
Monsieur Arnaud [məsjøarno]	Herr Arnaud
Madame Arnaud [madamarno]	Frau Arnaud
l'enfant *m*/les enfants [lɑ̃fɑ̃/lezɑ̃fɑ̃[	das Kind/die Kinder
bonjour [bõʒuːr]	guten Tag
la voiture [lavwatyːr]	das Auto
la panne [lapan]	die Panne
Est-ce que la voiture est en panne? [ɛskəlavwatyrɛtɑ̃pan]	Hat das Auto eine Panne?
non [nõ]	nein
pour [pur]	für
le pique-nique [ləpiknik]	das Picknick
oui [wi]	ja
Ah oui, c'est vrai [awisɛvrɛ]	Ach ja, richtig
les provisions *fpl* [leprɔvizjõ]	der Proviant
Où sont les provisions? [usõleprɔvizjõ]	Wo ist der Proviant?
le coffre [ləkɔfr]	der Kofferraum
Est-ce qu'elles sont dans le coffre? [ɛskɛlsõdɑ̃lkɔfr]	Ist er im Kofferraum?
le panier [ləpanje]	der Korb
l'assiette *f*/les assiettes [lasjɛt/lezasjɛt]	der Teller/die Teller
le verre/les verres [ləvɛːr/levɛːr]	das Glas/die Gläser
bon [bõ]	gut
la chaise/les chaises [laʃɛːz/leʃɛːz]	der Stuhl/die Stühle
la table [latabl]	der Tisch

Au café [okafe]	Im Café
l'employé *m* [lɑ̃plwaje]	der Angestellte
le commerce [ləkɔmɛrs]	der Handel
un employé de commerce [ɛ̃nɑ̃plwajedkɔmɛrs]	ein kaufmännischer Angestellter
la maison [lamezõ]	das Haus; die Firma
il travaille [iltravaj]	er arbeitet
le bureau [ləbyro]	1. der Schreibtisch; 2. das Büro
il y a [ilja]	es gibt, sind
la lettre [lalɛtr]	der Brief
le dossier [lədosje]	der Aktenordner
la note [lanɔt]	die Notiz
Sur le bureau de Monsieur Dubois il y a des lettres, des dossiers et des notes [syrləbyrodməsjødybwailjadelɛtrdedosjeedenɔt]	Auf dem Schreibtisch von Herrn Dubois sind Briefe, Aktenordner und Notizen
le jour [ləʒuːr]	der Tag
un beau jour de mai [ɛ̃boʒurdəmɛ]	ein schöner Maientag
il a chaud [ilaʃo]	ihm ist warm
il a faim [ilafɛ̃]	er ist hungrig, er hat Hunger
surtout [syrtu]	vor allem
il a soif [ilaswaf]	er ist durstig, er hat Durst
il est trois heures [ilɛtrwazœːr]	es ist drei Uhr
Est-ce que M. Lebrun est là? [ɛskəməsjøləbrɛ̃ɛla]	Ist Herr Lebrun da?
la ville [lavil]	die Stadt
le client [ləkliɑ̃]	der Kunde
Il est en ville avec des clients [ilɛtɑ̃vilavɛkdekliɑ̃]	Er ist mit Kunden in der Stadt
la fenêtre [lafənɛtr]	das Fenster
Il ferme les fenêtres [ilfɛrmlefənɛtr]	Er macht die Fenster zu, schließt die Fenster
Il quitte le bureau [ilkitləbyro]	Er verläßt das Büro
Il va au café [ilvaokafe]	Er geht ins Café
le garçon [ləgarsõ]	der Kellner, der Ober
Ça va? [sava]	Wie gehts?
une bière [ynbjɛːr]	ein Bier
un apéritif [ɛ̃naperitif]	ein Apéritif
rouge [ruːʒ]	rot
un verre de rouge [ɛ̃vɛrdəruːʒ]	ein Glas Rotwein
le vin [ləvɛ̃]	der Wein
Un vin blanc, s'il vous plaît [ɛ̃vɛ̃blɑ̃silvuplɛ]	einen (ein Glas) Weißwein, bitte

la place [laplas]	Platz
Il cherche une place [ilʃɛrʃynplas]	Er sucht einen Platz
près de la fenêtre [prɛdlafənɛtr]	beim Fenster
M. Lebrun est déjà là [məsjøləbrɛ̃ɛdeʒala]	Herr Lebrun ist schon da
le taxi [lətaksi]	das Taxi

LEKTION 4

L'égoïste [legoist]	Der Egoist
le patron [ləpatrõ]	Chef
vous êtes [vuzɛt]	Sie sind
chez nous [ʃenu]	bei uns
cinq [sɛ̃k]	fünf
l'an *m*/les ans [lɑ̃/lezɑ̃]	Jahr
la secrétaire [lasəkretɛːr]	Sekretärin
Vous travaillez très bien [vutravajetrɛbjɛ̃]	Sie arbeiten sehr gut
aimable [emabl]	liebenswürdig
Vous êtes bien aimable, Monsieur [vuzɛtbjɛ̃nemablməsjø]	Sie sind sehr liebenswürdig
le problème [ləprɔblɛm]	Problem
j'ai un problème [ʒeɛ̃prɔblɛm]	ich habe ein Problem
Oh, vous avez un problème? [ovuzaveɛ̃prɔblɛm]	Ach, Sie haben ein Problem?
le célibataire [ləselibatɛːr]	Junggeselle
je suis célibataire [ʒəsɥiselibatɛːr]	ich bin Junggeselle
on a toujours des problèmes [õnatuʒurdeprɔblɛm]	man hat immer Probleme
la fleur [laflœːr]	Blume
Est-ce que vous aimez les fleurs? [ɛskəvuzemeleflœːr]	Haben Sie Blumen gern? Lieben Sie Blumen?
j'aime les fleurs [ʒɛmleflœːr]	Ich habe Blumen gern
Où est-ce que vous passez les vacances? [uɛskəvupaselevakɑ̃s]	Wo verbringen Sie Ihren Urlaub?
Je reste à la maison [ʒərɛstalamezõ]	Ich bleibe zu Hause
mais [mɛ]	aber
Vous restez ici? [vuresteisi]	Sie bleiben hier?
C'est formidable [sɛfɔrmidabl]	Das ist großartig
le cognac [ləkɔɲak]	Kognak

Un film policier [ɛ̃filmpɔlisje]	Ein Kriminalfilm
l'homme *m* [lɔm]	Mann
la bijouterie [labiʒutri]	Juweliergeschäft
Trois hommes entrent dans une bijouterie [trwazɔmɑ̃trdɑ̃zynbiʒutri]	Drei Männer betreten ein Juweliergeschäft
au coin de la rue [okwɛ̃d(ə)lary]	an der Straßenecke
le revolver [lərevɔlvɛr]	Revolver
la caméra [lakamera]	Kamera
Ils ont des revolvers [ilzɔ̃derevɔlvɛr]	Sie haben Revolver
Le patron n'est pas là [ləpatrɔ̃nɛpala]	Der Chef ist nicht da
la visite [lavizit]	Besuch
Il fait des visites [ilfɛdevisit]	Er macht Besuche
la vendeuse [lavɑ̃døːz]	Verkäuferin
la peur [lapœːr]	Angst
Les deux vendeuses n'ont pas peur [ledøvɑ̃døznɔ̃papœːr]	Die zwei (beiden) Verkäuferinnen haben keine Angst
pourquoi? [purkwa]	warum?
l'alarme *f* [lalarm]	Alarm
elles ne donnent pas l'alarme [ɛlnədɔnpalalarm]	sie geben keinen Alarm
parce que [parskə]	weil
la télévision [latelevizjɔ̃]	Fernsehen
ce sont des gens de la télévision [sɛsɔ̃deʒɑ̃d(ə)latelevizjɔ̃]	es sind Leute vom Fernsehen
Ils font un film policier [ilfɔ̃tɛ̃filmpɔlisje]	Sie machen einen Kriminalfilm
Mesdemoiselles [medmwazɛl]	Meine Damen
la scène [lasɛn]	Szene
On tourne une scène [ɔ̃turnynsɛn]	Man dreht (= wir drehen) eine Szene
aujourd'hui [oʒurdɥi]	heute
la vedette [lavədɛt]	Star
Vous êtes les vedettes [vuzɛtlevədɛt]	Sie sind die Stars
attention [atɑ̃sjɔ̃]	Achtung
la main [lamɛ̃]	Hand
haut les mains [olemɛ̃]	Hände hoch
Oui, comme ça, très bien [wikɔmsatrɛbjɛ̃]	Ja, so, sehr gut
Les vendeuses jouent bien [levɑ̃døzʒubjɛ̃]	Die Verkäuferinnen spielen gut
Elles ne bougent pas [ɛln(ə)buʒpa]	Sie rühren sich nicht
merci beaucoup [mɛrsiboku]	vielen Dank
c'est tout [sɛtu]	das ist alles
c'est fini [sɛfini]	fertig

Les messieurs quittent la boutique [lemәsjøkitlabutik]	Die Herren verlassen den Laden
la femme [lafam]	Frau
la vitrine [lavitrin]	Schaufenster
Les femmes regardent par la vitrine [lefamrәgardparlavitrin]	Die Frauen sehen durchs Schaufenster
qu'est-ce que c'est? [kɛskәsɛ]	was ist das?
mon Dieu! [mõdjø]	mein Gott!
vide [vid]	leer
l'opéra *m* [lɔpera]	Oper
elle visite les bijouteries [ɛlvizitlebiʒutri]	sie besucht die Juweliergeschäfte
la migraine [lamigrɛn]	Migräne
le club [lәklœb]	Klub
l'hôtel *m* [lɔtɛl]	Hotel

LEKTION 6

Eve au volant [ɛvovɔlɑ̃]	Frau am Steuer
le volant [lәvɔlɑ̃]	Lenkrad
joli, jolie [ʒɔli]	hübsch
la jeune fille [laʒœnfij]	junges Mädchen
petit, petite [pәti, pәtit]	klein
bleu, bleue [blø]	blau
faire [fɛr]	machen
l'excursion *f* [lɛkskyrsjõ]	Ausflug
Elle aime faire des petites excursions [ɛlɛmfɛrdepәtitsɛkskyrsjõ]	Sie macht gerne kleine Ausflüge
rouler [rule]	fahren
seul, seule [sœl]	alleine
inviter [ɛ̃vite]	einladen
souvent [suvɑ̃]	oft
bon, bonne [bõ, bɔn]	gut
l'ami *m* [lami]	Freund
Ils vont avec elle à Versailles [ilvõtavɛkɛlavɛrsaj]	Sie fahren mit ihr nach Versailles
comment allez-vous? [kɔmɑ̃talevu]	wie geht es euch?
nous allons bien [nuzalõbjɛ̃]	es geht uns gut
beau, belle [bo, bɛl]	schön
confortable [kõfɔrtabl]	bequem
Tu as une belle voiture [tyaynbɛlvwatyːr]	Du hast ein schönes Auto
l'air *m* [lɛr]	Miene, Gesicht
étrange [etrɑ̃ʒ]	sonderbar

vous avez l'air étrange [vuzavelɛretrɑ̃ʒ]	ihr macht so ein komisches Gesicht
content, contente [kõtɑ̃, kõtɑ̃:t]	zufrieden
être [ɛtr]	sein
si [si]	so, derart
charmant, charmante [ʃarmɑ̃, ʃarmɑ̃:t]	reizend
la conductrice [lakõdyktris]	Fahrerin
Nous sommes contents d'être avec une si charmante conductrice [nusɔmkõtɑ̃dɛtravɛkynsiʃarmɑ̃tkõdyktris]	Wir freuen uns, eine so reizende Fahrerin zu haben
bien sûr [bjɛ̃syr]	sicher, natürlich
tu es formidable [tyɛfɔrmidabl]	du bist großartig
mais quoi? [mɛkwa]	aber was?
le compteur [ləkõtœ:r]	Tacho
Tu vas trop vite [tyvatrovit]	Du fährst zu schnell
nous regardons en arrière [nurəgardõɑ̃narjɛ:r]	wir sehen nach hinten
le paysage [ləpeiza:ʒ]	Landschaft
grand, grande [grɑ̃, grɑ̃:d]	groß
noir, noire [nwa:r]	schwarz
la police [lapɔlis]	Polizei
avoir [avwa:r]	haben
aller [ale]	gehen, fahren

LEKTION 7

A l'hôtel de la plage [alɔtɛldlapla:ʒ]	Im Strandhotel
la plage [lapla:ʒ]	Strand
arriver [arive]	ankommen
le chasseur [ləʃasœ:r]	Hotelpage
la portière [lapɔrtjɛ:r]	Autotür
Le chasseur ouvre la portière [ləʃasœruvrlapɔrtjɛ:r]	Der Page öffnet die Autotür
donner [dɔne]	geben
le chauffeur [ləʃofœ:r]	Fahrer
le prix [ləpri]	Preis
la course [lakurs]	Fahrt
entrer [ɑ̃tre]	eintreten, betreten
le hall [lə'o:l]	Hotelhalle
porter [pɔrte]	tragen
les bagages *mpl* [lebaga:ʒ]	Gepäck
la réception [laresɛpsjõ]	Empfang
demander [dəmɑ̃de]	fragen; bitten; verlangen

réservé, réservée [rezɛrve]	reserviert
Vous avez réservé une chambre? [vuzaverezɛrveynʃɑ̃ːbr]	Sie haben ein Zimmer reserviert?
le nom [lənɔ̃]	Name
au nom de Forestier [onɔ̃dəfɔrɛstje]	auf den Namen Forestier
l'étage *m* [letaːʒ]	Etage, Stock(werk)
c'est au premier étage [sɛtoprəmjɛretaːʒ]	es ist im ersten Stock
la vue [lavy]	Blick, Aussicht
la mer [lamɛr]	Meer, die See
Quel est le prix de la chambre? [kɛlɛləpridlaʃɑ̃ːbr]	Was kostet das Zimmer?
40 = quarante [karɑ̃t]	vierzig
le franc [ləfrɑ̃]	Franc, Franken
sans [sɑ̃]	ohne
la douche [laduʃ]	Dusche
c'est combien? [sɛkɔ̃bjɛ̃]	was kostet es?
50 = cinquante [sɛ̃kɑ̃t]	fünfzig
Donnez-moi la chambre avec douche [dɔnemwalaʃɑ̃bravɛkduʃ]	Geben Sie mir das Zimmer mit Dusche
la clé [lakle]	Schlüssel
le numéro quatorze [lənymerokatɔrz]	Nummer 14
l'horaire *m* [lorɛːr]	Fahrplan
le train [lətrɛ̃]	Zug
le train pour Marseille [lətrɛ̃purmarsɛj]	der Zug nach Marseille
les renseignements *mpl* [lerɑ̃sɛɲmɑ̃]	Auskunft
privé, privée [prive]	privat
la chaise-longue [laʃɛzlɔ̃ːg]	Liegestuhl
dehors [dəɔːr]	draußen
la femme de service [lafamdsɛrvis]	Badefrau, Wärterin
A votre service [avɔtsɛrvis]	Ich stehe zu Diensten
montrer [mɔ̃tre]	zeigen
donc [dɔ̃k]	doch, also
la dame [ladam]	Dame
l'ingénieur *m* [lɛ̃ʒenjœːr]	Ingenieur
le parking [ləparkiŋ]	Parkplatz
le touriste [ləturist]	Tourist

LEKTION 8

Plus d'alcool [plydalkɔl]	Keinen Alkohol mehr
l'alcool *m* [lalkɔl]	Alkohol
le lit [ləli]	Bett
la crise de foie [lakrizdəfwa]	Leberbeschwerden

une fois pour toutes [ynfwapurtut]	ein für allemal
la limonade [lalimɔnad]	Limonade
tu en veux? [tyɑ̃vø]	willst du welche (davon)?
Je ne veux pas de limonade [ʒənvøpadlimɔnad]	Ich möchte keine Limonade
le thé [ləte]	Tee
Du thé non plus? [dytenɔ̃ply]	Auch keinen Tee?
l'orange *f* [lɔrɑ̃:ʒ]	Orange
alors [alɔr]	also dann
le jus de fruits [ləʒydfrɥi]	Obstsaft
Il en reste [ilɑ̃rɛst]	Es ist noch welcher übrig
le lait [ləlɛ]	Milch
J'ai beaucoup de lait [ʒebokudlɛ]	Ich habe viel Milch
à la maison [alamezɔ̃]	zu Hause, im Haus
la santé [lasɑ̃te]	Gesundheit
peut-être [pøtɛtr]	vielleicht
enfin [ɑ̃fɛ̃]	schließlich, also dann
un peu de vin rouge [ɛ̃pødvɛ̃ru:ʒ]	ein wenig Rotwein
l'eau *f* minérale [lomineral]	Mineralwasser
le kilo [ləkilo]	Kilo
il fait du camping [ilfɛdykɑ̃piŋ]	er zeltet
il fait du ski [ilfɛdyski]	er fährt Ski
il fait du sport [ilfɛdyspɔr]	er treibt Sport
il fait de la musique [ilfɛdlamyzik]	er musiziert
l'eau *f* de Cologne [lodkɔlɔɲ]	Kölnisch Wasser
le chocolat [ləʃɔkɔla]	Schokolade
la cigarette [lasigarɛt]	Zigarette
le parfum [ləparfɛ̃]	Parfüm
le souvenir [ləsuvnir]	Andenken
la photo [lafɔto]	Foto
s'il te plaît [siltəplɛ]	bitte *(wenn man die betreffende Person duzt)*
le bifteck [ləbiftɛk]	Steak
le rosbif [lərɔsbif]	Rostbeef
des pommes frites *fpl* [depɔmfrit]	Pommes frites
la salade [lasalad]	Salat
le whisky [ləwiski]	Whisky
le soda [ləsɔda]	Soda
la tomate [latɔmat]	Tomate
le champignon [ləʃɑ̃piɲɔ̃]	Pilz
le café [ləkafe]	Kaffee

août [u *und* ut]	August
Cher oncle [ʃɛrɔ̃kl]	Lieber Onkel
jusqu'à présent [ʒyskaprezɑ̃]	bis jetzt, bis heute
magnifique [maɲifik]	großartig
les vacances ont été magnifiques [levakɑ̃sɔ̃tetemaɲifik]	die Ferien sind großartig gewesen
le groupe [ləgrup]	Gruppe
quinze [kɛ̃z]	fünfzehn
Nous sommes arrivés ici il y a quinze jours [nusɔmzariveisiiljakɛ̃zʒuːr]	Wir sind vor zwei Wochen hier angekommen
il fait beau	es ist gutes Wetter
le temps [lətɑ̃]	Wetter
Est-ce que vous avez eu du beau temps à Nancy? [ɛskəvuzaveydybotɑ̃anɑ̃si]	Habt Ihr in Nancy gutes Wetter gehabt?
agréable [agreabl]	angenehm
le port [ləpɔːr]	Hafen
le parc [ləpark]	Park
l'huître *f* [lɥitr]	Auster
le parc à huîtres [ləparkaɥitr]	Austernbank, -zucht
Nous sommes allés voir le port [nusɔmzalevwarləpɔːr]	Wir haben uns den Hafen angesehen
déguster [degyste]	kosten, probieren
manger [mɑ̃ʒe]	essen
vraiment [vrɛmɑ̃]	wirklich
la spécialité [laspesjalite]	Spezialität
Mais il y en a d'autres [mɛiljɑ̃nadoːtr]	Aber es gibt noch andere
la crêpe [lakrɛp]	besonders dünner Eierkuchen
les tripes *fpl* [letrip]	Spezialgericht aus Kuheuter, Kuddeln
le camembert [ləkamɑ̃bɛr]	Camembert
le cidre [ləsidr]	Apfelwein
le calvados [ləkalvados]	Apfelschnaps
excellent, -e [ɛkselɑ̃, ɛkselɑ̃ːt]	ausgezeichnet, hervorragend
dépenser [depɑ̃se]	ausgeben
l'argent *m* [larʒɑ̃]	Geld
quand [kɑ̃]	als
Les autres sont allés plus loin [lezotrsɔ̃taleplylwɛ̃]	Die anderen sind noch weiter weggefahren
Je suis resté à Caen faute d'argent [ʒəsɥirɛsteakɑ̃fotdarʒɑ̃]	Ich bin wegen Geldmangel in Caen geblieben
la tante [latɑ̃ːt]	Tante
Tante Henriette et toi [tɑ̃tɑ̃riɛtetwa]	Tante Henriette und du

Vous n'êtes jamais allés à Caen [vunɛtʒamɛzaleakɑ̃]	Ihr seid nie in Caen gewesen, nach Caen gefahren
l'occasion *f* [lɔkazjõ]	Gelegenheit
libre [libr]	frei
le week-end [ləvikɛnd]	Wochenende
prochain, -e [prɔʃɛ̃, prɔʃɛn]	nächster, nächste, nächstes
envoyer [ɑ̃vwaje]	schicken
ou tout simplement [utusɛ̃pləmɑ̃]	oder ganz einfach
le chèque [ləʃɛk]	Scheck
à très bientôt	bis bald
employer [ɑ̃plwaje]	verwenden
la soupe [lasup]	Suppe
dîner [dine]	zu Abend essen
arriver les premiers [arivelepramje]	als erste (an)kommen
la grippe [lagrip]	Grippe
jouer à la roulette [ʒuealarulɛt]	Roulette spielen
le casino [ləkazino]	Spielkasino
téléphoner [telefɔne]	telefonieren

LEKTION 11

Un pari	Eine Wette
écouter	zuhören
parier	wetten
Je parie que tu vas dire 81	Ich wette, daß du 81 sagst
d'accord	einverstanden
tout de suite	sofort, gleich
On va voir tout de suite	Das werden wir gleich sehen
commencer	anfangen
commençons	also los
le doigt	Finger
Combien de doigts as-tu?	Wie viele Finger hast du?
Combien font 10 et 21?	Wieviel macht 10 und 21?
quatre fois 31	vier mal 31
moins	weniger
ça fait	das macht, das gibt
Je ne dis rien	Ich sage nichts
bravo	bravo
malin	gerissen, schlau
l'année *f*	Jahr
divisé par 5	geteilt durch 5
ça y est	da haben wir's
Donne-moi l'argent	Gib mir das Geld
pas du tout	keineswegs

fou	verrückt
Oui, grand fou	Ja, du Riesendummkopf
maintenant	jetzt
tu as dit 81	du hast 81 gesagt
gagner	gewinnen
le mois	Monat

LEKTION 12

A la gare	Auf dem Bahnhof
la gare	Bahnhof
l'amie *f*	Freundin
le voyage	Reise
Charles et son amie font un voyage par le train	C. und seine Freundin machen eine Reise mit der Bahn
l'habitude *f*	Gewohnheit
comme d'habitude	wie üblich, wie gewöhnlich
pressé, -e	in Eile
avant	bevor
le quai	Bahnsteig
Avant de passer sur le quai	Bevor man auf den Bahnsteig geht
le billet	Fahrkarte
Il faut montrer les billets	Man muß die Fahrkarten vorzeigen
le haut-parleur	Lautsprecher
le voyageur	Reisende
Messieurs les voyageurs pour...	Die Reisenden nach...
le rapide	Schnellzug
le supplément	Zuschlag
la voie	Gleis
le départ	Abfahrt
la minute	Minute
Départ dans deux minutes	Abfahrt in zwei Minuten
le contrôleur	Kontrolleur
Vos billets, s'il vous plaît	Ihre Fahrkarten, bitte
Votre billet, Monsieur	Ihre Fahrkarte, bitte
fouiller	kramen, wühlen, durchsuchen
le porte-monnaie	Portemonnaie
la poche	Tasche *(in einem Kleidungsstück)*
intérieur, -e	innen
le pantalon	Hose
retourner	umdrehen
le gilet	Weste
vite	schnell, beeil dich

manquer le train	den Zug verpassen
Dans mon gilet non plus	In meiner Weste (sind sie) auch nicht
Excusez, Monsieur	Verzeihen Sie, Entschuldigen Sie
le ruban	Band
le chapeau	Hut
Ah, les voilà	Ach, da sind sie ja
Mille fois merci, Monsieur	Tausend Dank

LEKTION 13

A la banque	Auf der Bank
la banque	Bank
le chef	Chef
la maison d'exportation	Exportfirma
trouver	finden
aller trouver	aufsuchen
le directeur	Direktor
l'entreprise *f*	Unternehmen
avoir besoin de renseignements	Auskunft brauchen
américain, -e	amerikanisch
quelques firmes américaines	einige amerikanische Firmen
parler	sprechen
la faillite	Konkurs
certain, -e	gewiß, sicher, bestimmt
la difficulté	Schwierigkeit
Est-ce que certains de vos clients américains sont en difficulté?	Befinden sich einige (bestimmte) Ihrer amerikanischen Kunden in Schwierigkeiten?
le principe	Grundsatz
en principe	grundsätzlich
garder	(be)wahren, behalten
le secret	Geheimnis
l'affaire *f*	Geschäft
le secret sur leurs affaires	das Geheimnis über ihre Geschäfte
autrement	sonst
la confiance	Vertrauen
normal, -e	normal
apporter	mitbringen
la liste	Liste
seulement	nur
le danger	Gefahr
Dites seulement si une des firmes est en danger	Sagen Sie mir nur, ob eine der Firmen in Gefahr ist

fidèle	treu
puisque	da
insister	bestehen auf
menacé, -e	bedroht
L'une d'elles est menacée	Eine von ihnen ist bedroht
la S.A. Mackenzie = la Société Anonyme M.	die Mackenzie AG
Mais comment avez-vous trouvé?	Aber wie haben Sie das herausgefunden?
facile	einfach
la question	Frage
C'est mon client en question	Das ist der Kunde, der in Frage kommt
inventer	erfinden
l'adresse *f*	Adresse

LEKTION 14

L'art du porte à porte	Hausieren ist eine Kunst
l'art *m*	Kunst
faire du porte à porte	hausieren
sonner	klingeln, läuten
la porte	Tür
le représentant de commerce	(Handels)vertreter
Cet homme est représentant de commerce	Dieser Mann ist (ein) Vertreter
la chose	Sache, Ding
intéressant, -e	interessant
le savon	Seife
Prenez ce savon	Nehmen Sie diese Seife
merveilleux	wunderbar
Vous pouvez le garder	Sie können sie behalten
utiliser	verwenden
la crème	Creme
la beauté	Schönheit
la voisine	Nachbarin
acheter	kaufen
le pot	Topf, Dose
Elle la trouve très bonne	Sie findet sie sehr gut
C'est justement pourquoi je ne l'emploie pas, moi	Gerade deswegen verwende ich *(betont)* sie nicht
l'oreille *f*	Ohr
Regardez ces boucles *fpl* d'oreille	Sehen Sie sich diese Ohrringe an
dernier cri	hochmodern, letzter Schrei
être en vogue	in Mode sein

cet été	in diesem Sommer
d'ailleurs	übrigens
Je n'achète jamais rien à un représentant	Ich kaufe einem Vertreter nie etwas ab
la plaque	Schild
Il est interdit de faire du porte à porte	Hausieren verboten
pas mal	nicht schlecht
Au revoir, Madame	Auf Wiedersehen

LEKTION 15

Le roi c'est moi	Ich bin selbst der König
le roi	König
c'est moi	ich bin es
la Belgique	Belgien
le tour	Rundreise
les Etats-Unis *mpl*	die Vereinigten Staaten
Le roi fait le tour des Etats-Unis	Der König macht eine Rundreise durch die Vereinigten Staaten
le journaliste	Journalist
perdre	verlieren
Ils ne le perdent pas de vue	Sie verlieren ihn nicht aus den Augen
descendre	hinuntergehen, absteigen
l'Hilton	Hilton-Hotel
l'attaché *m* de presse	Presseattaché
belge	belgisch
la voix	Stimme
poli, -e	höflich
répondre	antworten
attendre	warten
l'instant *m*	Augenblick
quelques minutes après	einige Minuten später
le même monsieur	derselbe Herr
regretter	bedauern
Attendez encore un peu	Warten Sie noch ein wenig
Je vais demander où il est allé	Ich werde fragen, wohin er gegangen ist
puis	dann
entendre	hören
la même voix	dieselbe Stimme
Vous avez attendu pour rien	Sie haben umsonst gewartet
l'ascenseur *m*	Lift, Fahrstuhl
rendre un service	behilflich sein
J'ai une seule question	Ich habe nur eine einzige Frage

l'après-midi *m und f*	Nachmittag, nachmittags
l'avion *m*	Flugzeug
spécial, -e	Sonder-
l'appareil *m*	Apparat
Qui est à l'appareil?	Wer ist am Apparat?
en personne	persönlich
la France	Frankreich
l'Angleterre *f*	England
l'Allemagne *f*	Deutschland
l'Italie *f*	Italien
l'Amérique *f*	Amerika
français, -e	französisch
anglais, -e	englisch
allemand, -e	deutsch
italien, -ne	italienisch
le livre	Buch

LEKTION 16

Au restaurant	Im Restaurant
le fils [ləfis]	Sohn
réussir	gelingen, Erfolg haben
garer	parken
Il ne réussit pas à bien garer sa voiture	Es gelingt ihm nicht, seinen Wagen ordnungsgemäß zu parken
la carte	Speisekarte
d'abord	zuerst
choisir	wählen
Choisissez d'abord, vous deux	Sucht ihr beiden euch erst einmal etwas aus
le hors-d'œuvre	Vorgericht
Je voudrais un Vittel	Ich möchte ein Mineralwasser
le plat	Gericht
le rôti	Braten
le porc	Schweinefleisch
les épinards *mpl*	Spinat
frais, fraîche	frisch
l'escalope *f*	Schnitzel
le veau	Kalb
milanais,-e	milanese, auf Mailänder Art
la côte	Kotelett
le mouton	Hammel
grillé,-e	gegrillt

la pomme de terre	Kartoffel
réfléchir	nachdenken
si	so
longtemps	lange
grossir	zunehmen, dicker werden
la serveuse	Bedienung, Kellnerin
le potage	Suppe
la glace	Eis
la glace à la vanille	Vanilleeis
le fromage	Käse
le dessert	Nachtisch
la boisson	Getränk
le beaujolais	Beaujolais
la bouteille	Flasche
une demi-bouteille	eine halbe Flasche
tout le temps	die ganze Zeit
papa	Papa, Vati
d'abord	zuerst, zunächst
finir	beenden, fertig machen
le pain	Brot
le silence	Ruhe, Schweigen
Qu'est-ce qu'il y a?	Was ist los? Was gibt's?
La police a emmené ta voiture à la fourrière	Die Polizei hat dein Auto abgeschleppt
le travail	Arbeit

LEKTION 17

Une double surprise	Eine doppelte Überraschung
la surprise	Überraschung
double	doppelt
le mari	Ehemann
rentrer	nach Hause kommen
tard	spät
le bouquet	Blumenstrauß
Il lui apporte un bouquet de fleurs	Er bringt ihr einen Blumenstrauß mit
embrasser	umarmen, küssen
gentil,-le	nett, freundlich
le courrier	Post
l'expéditeur *m*	Absender
un inconnu	ein Unbekannter
Un inconnu leur envoie deux billets de théâtre	Ein Unbekannter schickt ihnen zwei Theaterkarten

la carte	Karte
Devinez qui vous envoie ces billets	Raten Sie, wer Ihnen diese Karten schickt
Il y a encore des gens charmants	Es gibt doch noch nette Leute
étonner	erstaunen
ça m'étonne	das wundert mich
Qui peut donc nous envoyer ces billets?	Wer kann uns denn diese Karten schikken?
égal,-e	gleichgültig, egal
certainement	sicherlich
quelqu'un (qn)	(irgend)jemand
il te connaît	er kennt dich
le rang	Reihe
au deuxième rang	in der zweiten Reihe
faisons vite	machen wir schnell, beeilen wir uns
la soirée	Abend
souper	(sehr spät) zu Abend essen *(meist ein festliches Essen nach dem Theater)*
à minuit	um Mitternacht
l'appartement *m*	Wohnung
tout est sens dessus dessous	alles ist drunter und drüber
le voleur	Dieb, Einbrecher
emporter	mitnehmen
l'objet *m*	Gegenstand
la valeur	Wert
le bout de papier	ein Stückchen Papier, Zettel
Ils leur laissent un bout de papier	Sie lassen ihnen einen Zettel da
le mot	Wort
Maintenant vous savez qui c'est?	Wissen Sie jetzt, wer es ist?
quelque chose (qc)	etwas

LEKTION 18

Autoroute en Corse	Eine Autobahn auf Korsika
l'autoroute *f*	Autobahn
la Corse	Korsika
le paysan	Bauer
corse	korsisch
Des ingénieurs qui font des mesures de niveau	Ingenieure, die Vermessungsarbeiten vornehmen
la campagne	Land *(im Gegensatz zur Stadt)*
comprendre	verstehen, begreifen
le géomètre	Geometer, Vermessungsingenieur

Ils ne comprennent pas ce que font les géomètres	Sie begreifen nicht, was die Geometer machen
l'instrument *m*	Instrument
sembler	(er)scheinen
Les instruments qu'ils utilisent	Die Instrumente, die sie verwenden
Les paysans ne disent rien	Die Bauern sagen nichts
le soir	der Abend, am Abend
l'auberge *f*	Gasthaus, Wirtshaus
Un paysan va voir un ingénieur	Ein Bauer geht zu einem Ingenieur
le cinéma	Kino
eh bien	naja, gut
quoi?	was?
C'est donc comme ça que vous faites une route	So also machen Sie eine Straße
Nous, nous ne faisons pas comme ça	Wir *(betont)* machen das nicht so
prendre	nehmen
l'âne *m*	Esel
On fait marcher l'âne	Wir lassen den Esel laufen
la montagne	Gebirge
brave	tüchtig
Mon brave	Alter Freund
Qu'est-ce que tu fais quand tu n'as pas d'âne?	Was machst du, wenn du keinen Esel hast?

LEKTION 19

Ce que toute femme doit savoir	Was jede Frau wissen muß
le juge	Richter
l'annonce *f*	Anzeige
le journal/les journaux	Zeitung
mettre	setzen, stellen, legen
Vous avez mis des annonces dans les journaux?	Sie haben Anzeigen in die Zeitungen gesetzt?
la réclame	Reklame, Werbung
malhonnête	unehrlich, betrügerisch
essayer	versuchen
tromper	täuschen
la cliente	Kundin
apprendre	lernen
le mariage	Ehe
heureux, heureuse	glücklich
la discrétion	Diskretion
assurer	zusichern

Toute discrétion assurée	Größte Diskretion zugesichert
Pourquoi une telle discrétion?	Wozu eine derartige Diskretion?
la faute	Fehler, Schuld
C'est leur faute si elles n'ont rien appris	Es ist ihre Schuld, wenn sie nichts gelernt haben
vendre	verkaufen
l'exemplaire *m*	Exemplar
Vous en avez vendu pas mal d'exemplaires	Sie haben ganz schön viel davon verkauft
à peu près	ungefähr
payer	(be)zahlen
la somme	Summe, Betrag
considérable	beachtlich, beträchtlich
Elles ont toutes payé cette somme	Sie alle haben diesen Betrag gezahlt
d'avance	im voraus
Elles l'ont même payée d'avance	Sie haben ihn sogar im voraus bezahlt
Elles ont bien fait	Sie haben gut daran getan
la cuisine	Küche
le livre de cuisine	Kochbuch
déclarer	erklären
coupable	schuldig
Le juge l'a déclaré non coupable	Der Richter hat ihn freigesprochen
le garage	Garage
le veston	Jacke

LEKTION 21

Une semaine à Paris	Eine Woche in Paris
la semaine	Woche
raconter	erzählen
un peu	ein bißchen
Raconte-moi un peu ce que vous avez fait à Paris	Erzähl mir ein bißchen, was Ihr in Paris gemacht habt
Quand est-ce que vous y êtes arrivés?	Wann seid Ihr (dort) angekommen?
dimanche	Sonntag, am Sonntag
le matin	Morgen, am Morgen, am Vormittag
le wagon-lit	Schlafwagen
le musée	Museum
l'entrée *f*	Eintritt
gratuit,-e	frei, umsonst
lundi	Montag, am Montag
le magasin	Geschäft
le passage	Passage, Durchgang

mardi	Dienstag, am Dienstag
enfin	endlich
la robe	Kleid
cher, chère	teuer
le quartier	Viertel
traverser	durchqueren, durchlaufen
le pied	Fuß
à pied	zu Fuß
Que faire d'autre?	Was blieb mir anderes übrig? Was sollte ich sonst tun?
intéresser	interessieren
Cela ne m'intéresse pas tellement	Das interessiert mich nicht so besonders
Qu'est-ce qui t'intéresse alors?	Was interessiert dich also?
le Marché aux Puces	Flohmarkt
mercredi	Mittwoch, am Mittwoch
inutile	unnütz
On n'y vend que des choses inutiles	Man verkauft dort nur unnützes Zeug
Qui est-ce qui t'a dit cela?	Wer hat dir denn das erzählt?
rapporter	mitbringen
la tabatière	Tabakdose
la matière plastique	Kunststoff
en quoi?	aus was?
Qu'est-ce que tu crois?	Was denkst denn du?
l'argent *m*	Silber
bien sûr	natürlich
jeudi	Donnerstag, am Donnerstag
vendredi	Freitag, am Freitag
samedi	Samstag (Sonnabend), am Samstag
aller voir	besuchen
la colonie	Kolonie
Où est-elle?	Wo ist sie?
appeler	rufen

LEKTION 22

Nécessité est mère du génie	Not macht erfinderisch
la nécessité	Notwendigkeit
la mère	Mutter
le génie	Geist
réveiller	(auf)wecken
chéri	Liebling
tranquille	ruhig
laisse-moi tranquille	laß mich in Ruhe

je dors	ich schlafe
dormir	schlafen
et moi	und ich
presque	fast
mort,-e	tot
sauter	springen
le couloir	Diele, Gang
Il ouvre la porte qui donne sur le couloir	Er öffnet die Tür, die auf den Gang hinaus geht
ouvrir	öffnen
Sa femme le retient	Seine Frau hält ihn zurück
retenir	zurückhalten
le tiroir	Schubfach
l'aide *f*	Hilfe
Elle vient à l'aide de son mari	Sie kommt ihrem Mann zu Hilfe
venir	kommen
Elle tient le voleur en respect	Sie hält den Einbrecher in Schach
le respect [rɛspɛ]	Achtung, Respekt
tenir	halten
Il met son pantalon	Er zieht seine Hose an
la chemise	Hemd
la chaussette	Socke
la chaussure	Schuh
en avant	vorwärts
le poste (de police)	Polizei(revier), Wache
Les deux hommes partent	Die beiden Männer gehen (los)
partir	weggehen, abfahren
fermer à clé	zuschließen
à temps	rechtzeitig
Tu es venu à temps et ça a bien marché	Du bist (genau) zur rechten Zeit gekommen und es hat gut geklappt
la patronne	Wirtin
Elle leur sert un double cognac	Sie serviert ihnen einen doppelten Kognak
servir	bedienen
remonter	wieder aufrichten, auf die Beine bringen
le mariage	Hochzeit
Je ne suis jamais sorti seul	Ich bin nie allein ausgegangen
sortir	hinaus-, herausgehen; ausgehen
la laisse	Leine
la parole	Wort
tenir sa parole	sein Wort halten
monter	hinaufsteigen
tomber	fallen

Loin de la famille	Weit weg vom häuslichen Herd
la famille	Familie
loin de	weit weg von
le repos	Ruhe
s'installer	sich niederlassen, sich einrichten
se coucher	ins Bett gehen, schlafen gehen
tôt	zeitig, früh
se lever	sich erheben, aufstehen
se laver	sich waschen
s'habiller	sich anziehen
se dépêcher	sich beeilen
chaque	jeder, jede, jedes
se promener	spazieren gehen
s'arrêter	stehenbleiben, anhalten
Il s'arrête où il veut	Er bleibt stehen, wo er will
à la longue	auf die Dauer, allmählich
s'ennuyer	sich langweilen
le plaisir	Vergnügen
faites-moi plaisir	machen Sie mir das Vergnügen, den Spaß
l'œuf *m*	Ei
cuit,-e	gekocht
froid,-e	kalt
appeler	rufen; nennen
s'approcher	sich nähern, herantreten
Vous vous sentez mal?	Geht es Ihnen nicht gut? Fühlen Sie sich nicht wohl?
se sentir	sich fühlen
Je me sens bien	Ich fühle mich wohl, es geht mir gut
s'amuser	sich amüsieren, sich unterhalten
jouer aux cartes	Karten spielen
Je ne jette pas l'argent par les fenêtres	Ich werfe das Geld nicht zum Fenster hinaus
jeter	werfen
le cas	Fall
difficile	schwierig
asseyez-vous	setzen Sie sich
appelez-moi «imbécile»	nennen Sie mich „Dummkopf“
Vous voyez, je m'ennuie de la maison	Sehen Sie, ich sehne mich nach Hause, ich habe Heimweh
s'appeler	heißen
la pierre	Stein

LEKTION 24

Un dîner gratuit	Ein kostenloses Essen
le petit	Kleiner
se gêner	sich genieren
le petit garçon	kleiner Junge
nous voulons des glaces	wir möchten Eis
la petite fille	kleines Mädchen
le gâteau	Kuchen
le champagne	Champagner
la noisette	Nuß
les toilettes *fpl*	Toilette, Waschraum
manger de bon appétit	mit gutem Appetit essen
Je dois téléphoner	Ich muß telefonieren
Je peux laisser les enfants ici?	Kann ich die Kinder hier lassen?
surveiller	überwachen, aufpassen
Bien sûr, allez-y	Natürlich, gehen Sie nur
revenir	zurückkommen
Il prend son temps	Er braucht lange
Je ne sais pas	Ich weiß es nicht
Il a voulu s'offrir quelque chose de bon	Er hat sich etwas Gutes leisten wollen

LEKTION 25

Hors-saison	Außerhalb der Saison
la saison	Saison, Jahreszeit
la côte	Küste
le mètre	Meter
à quelques mètres de la mer	nur wenige Meter vom Strand (entfernt)
international,-e	international
le bain	Bad
mars	März
avril	April
octobre	Oktober
juin	Juni
septembre	September
juillet	Juli
tout compris	alles inklusive
fermé en hiver	im Winter geschlossen
c'est pour cela	deshalb
en dehors de	außerhalb
fort,-e	stark
en dehors de la forte saison	außerhalb der Hauptsaison

l'automne *m* [lɔtɔn]	Herbst
le printemps [ləprɛ̃tɑ̃]	Frühling
remplir	ausfüllen
la fiche	Zettel
les lunettes *fpl*	Brille
Où ai-je pu mettre mes lunettes?	Wo kann ich denn meine Brille hingelegt haben?
Tu les as vues?	Hast du sie gesehen?
le prénom	Vorname
Quels sont vos nom et prénoms?	Wie ist Ihr Name und Ihre Vornamen?
la date	Datum
la naissance	Geburt
Quelle est votre date de naissance?	Wann sind Sie geboren?
la profession	Beruf
l'homme d'affaires	Geschäftsmann
le domicile	Wohnsitz
Aujourd'hui nous sommes le 1er octobre	Heute haben wir den 1. Oktober
Je vous remercie	Ich danke Ihnen
le repas	Mahlzeit
poser une question	eine Frage stellen

LEKTION 26

Le porte-monnaie perdu	Das verlorene Portemonnaie
sérieux,-se	seriös, ernst
Un monsieur à l'air sérieux	Ein Herr mit ernstem Gesicht
remarquer	bemerken
Oui, je viens de le remarquer	Ja, ich habe es soeben bemerkt
honnête	ehrlich
le commissariat de police	Polizeirevier
Vous savez combien il y a dedans?	Wissen Sie, wieviel darin ist?
savoir	wissen
exactement	genau
Je ne sais pas exactement	Ich weiß es nicht genau
la couleur	Farbe
voyons	warten Sie mal, lassen Sie mich mal sehen
le quart	Viertel
9 heures moins le quart	Viertel vor neun
la poste	Post
10 heures et quart	Viertel nach 10
midi	Mittag (12 Uhr)

entre	zwischen
J'ai dû le perdre entre 10 heures et 11 heures et demie	Ich muß es zwischen 10 und ½12 Uhr verloren haben
devoir	müssen
Il est donc à vous?	Es gehört also Ihnen?
Comment avez-vous su?	Wie haben Sie das wissen können? Wie haben Sie das herausfinden können?
le métier	Handwerk
la chance	Glück
Vous avez eu de la chance	Sie haben Glück gehabt
la blanchisserie	Wäscherei
fabriquer	herstellen
faux, fausse	falsch
le billet de cent francs	Hundert-Franc-Schein

LEKTION 27

Dans l'ascenseur	Im Fahrstuhl
se trouver	sich befinden
le grand magasin	Kaufhaus
On peut tout trouver	Man kann alles finden
le vêtement	Kleidungsstück
l'animal *m*, les animaux	Tier
la peluche	Plüsch
etc. = et caetera	usw.
serré,-e	gedrängt
Il y a beaucoup de monde	Es sind viele Menschen da
en plus	außerdem, darüber hinaus
gros, grosse	dick, groß
le paquet	Paket
le cheveu	Haar
blond,-e	blond
une jeune fille aux cheveux blonds	ein junges Mädchen mit blonden Haaren
l'œil *m*, les yeux	Auge
Il lui fait de l'œil	Er zwinkert ihr zu
Il s'approche d'elle plus qu'il ne faut	Er nähert sich ihr mehr als notwendig
tout à coup	plötzlich
la gifle	Ohrfeige
rougir	rot werden, erröten
Les gens autour de lui	Die Leute um ihn herum
l'intérêt *m*	Interesse
à côté de lui	neben ihm
amusé,-e	amüsiert, vergnügt

Ça n'arrive qu'à toi	Das kann auch nur dir passieren
la journée	Tag *(Ablauf)*
Ils n'en parlent plus de la journée	Sie sprechen an diesem Tag nicht mehr davon
Ils rentrent chez eux	Sie gehen nach Hause
le lendemain	der (am) nächste(n) Tag
derrière	hinter
s'excuser	sich entschuldigen
au fond	letzten Endes, schließlich
hier [jɛːr]	gestern
Je n'ai rien fait de mal hier	Ich habe gestern nichts Böses getan
gifler	ohrfeigen
pincer	zwicken, kneifen

LEKTION 28

A malin malin et demi	Auf einen Schelm anderthalbe
la machine à laver	Waschmaschine
la ferme	Bauernhof
vieux, vieil, vieille	alt
la cour	Hof
nouveau, nouvel, nouvelle	neu
le modèle	Modell
dernier, dernière	letzter, letzte, letztes
plus de dix mille	mehr als zehntausend
le voisin	Nachbar
Ils sont tous contents	Sie sind alle zufrieden
meilleur,-e	besser
pratique	praktisch
moderne	modern
C'est la meilleure, la plus pratique, c'est la machine la plus moderne du monde	Es ist die beste, die praktischste, die modernste Maschine der Welt
la paysanne	Bäuerin
Depuis combien de temps?	Wie lange schon?
chic	schick
Elle est peut-être moins chic	Es mag schon sein, daß sie weniger schick ist
mauvais,-e	schlecht
neuf, neuve	neu
la réparation	Reparatur
Vous avez moins de réparations	Sie haben weniger Reparaturen
à la fois	auf einmal

Elle est meilleure et plus petite que toutes les autres	Sie ist besser und kleiner als alle anderen
le système	System
l'automatisme *m*	Automatik
blanc, blanche	weiß
la neige	Schnee
l'exemple *m*	Beispiel
un bel exemple	ein schönes Beispiel
le progrès	Fortschritt
C'est une machine qui rend toute femme heureuse	Diese Maschine macht jede Frau glücklich
en effet	wirklich, tatsächlich
la commission	Provision
s'éloigner	sich entfernen
le conseil	Rat
tenir conseil	Kriegsrat halten

LEKTION 29

Les transports parisiens	Verkehrsmittel in Paris
le transport	Transport
parisien,-ne	pariserisch
naturellement	natürlich
le métro	Metro, U-Bahn
C'est le métro qui va le plus vite	Die Metro fährt am schnellsten
la classe	Klasse
coûter	kosten
le carnet	Fahrscheinheft
la bouche	Mund
la bouche de métro	Metroausgang (bzw. -eingang)
le plan	Stadtplan
la ligne	Linie
la direction	Richtung
indiquer	angeben, anzeigen
la station	Station, Haltestelle
Les autobus roulent moins vite que le métro	Die Busse fahren langsamer als die Metro
Ils coûtent plus cher	Sie kosten mehr, sie sind teurer
Le Billet de Tourisme	Touristenkarte
pendant	während
partout	überall(hin)
le bateau	Schiff
le bateau-mouche	Aussichtsdampfer auf der Seine

lentement	langsam
On y est confortablement assis	Man sitzt dort bequem
s'asseoir	sich setzen
à l'avant	vorne
à l'arrière	hinten
à gauche	links
à droite	rechts
comme bon vous semble	wie es Ihnen gefällt
la boîte	Schachtel
la nuit	Nacht
la boîte de nuit	Nachtlokal, Bar
le taximètre	Taxameter
s'arranger	sich einigen

WORTSCHATZREGISTER

Die Zahlen verweisen auf die Lektionen, in denen das betreffende Wort zum ersten Mal in einer bestimmten Bedeutung vorkommt; fettgedruckte Zahlen geben an, daß das Wort in dem betreffenden Abschnitt systematisch behandelt wird.

GRAMMATIKREGISTER

Die Zahlen verweisen auf die B-Teile der angegebenen Lektionen

Auch wenn Sie sich zur Zeit mit Französisch beschäftigen – zumindest schließen wir das daraus, daß Sie gerade unser Lehrbuch „Französisch für Sie“ in der Hand haben – kommen Sie oder einer Ihrer Freunde oder Bekannten vielleicht eines Tages auch dazu, sich mit der englischen Sprache zu befassen.

Wir empfehlen Ihnen dazu

HOFFMANN · MEPHAM

Englisch für Sie

Ein moderner Sprachkurs für Erwachsene

Band 1: 160 Seiten Text und 4 Seiten Abbildungen, kart. – Hueber Nr. 2127
Band 2: 160 Seiten Text und 8 Seiten Abbildungen, kart. – Hueber Nr. 2128
Band 3: 188 Seiten Text und 8 Seiten Abbildungen, kart. – Hueber Nr. 2129

Dieses Lehrwerk entspricht, genauso wie „Französisch für Sie“, in Grammatik und Wortschatz den vom Deutschen Volkshochschul-Verband aufgestellten Stoffplänen. Jeder der drei Bände hat ebenfalls 30 Lektionen, in denen Ihnen die Kenntnisse vermittelt werden, die in der VHS-Zertifikatsprüfung für Englisch von Ihnen erwartet werden.

Schallplatten, Tonbänder und Lesehefte zu diesem Lehrwerk erleichtern Ihnen die Arbeit im Kurs und zu Hause.

Bitte fordern Sie Prospektmaterial an.

sprachen der welt
hueber

MAX HUEBER VERLAG
Ismaning bei München, Krausstraße 30

1 Paris: L'Île de la Cité avec le Pont-Neuf

2 Le Louvre et le Jardin des Tuileries

3
Marchand d'huîtres

4
La Place du Tertre et le Sacré-Cœur